Peter Hagen

Teichpflege
leicht gemacht

63 Farbfotos
20 Zeichnungen

Ulmer

Inhaltsverzeichnis

Vorwort

Skeptiker haben dem „Gartenteich-Boom“ ein relativ kurzes Leben vorausgesagt. Das Gegenteil ist eingetreten, der Freundeskreis der „Gartenteich-Begeisterten“ wächst ständig weiter. Leider haben aber viele Teichbesitzer zu bestimmten Jahreszeiten Probleme mit ihrem „künstlichen“ Gewässer – sei es nun Minitümpel oder Schwimmteich. Das vorliegende Buch wendet sich deshalb in erster Linie an Gartenteichbesitzer, die ihren Teich schon vor geraumer Zeit angelegt haben, aber häufiger mit Problemen zu kämpfen haben. Im ersten Teil des Buches sind die wichtigsten Bedingungen für den Bau eines Gartenteiches aufgeführt, da die häufigsten Ursachen für Teichprobleme in baulichen Mängeln zu suchen sind. Grundkenntnisse zur Wasserchemie und zu den biologischen beziehungsweise biochemischen Prozessen sind wichtige Voraussetzungen bei allen Eingriffen im Teich, aber auch bei der Kontrolle und der Korrektur der Wasserwerte. Deshalb finden Sie hier einen kleinen Exkurs zu den komplexen biologischen und chemischen Vorgängen in einem Gartenteich.

Einen breiten Raum beansprucht das Thema Algen, wobei hier viele Möglichkeiten aufgezeigt werden, wie diese ungeliebten Pflanzen in Schach gehalten werden können. Die Filterung von Teichwasser mit Hilfe verschiedenster technischer Einrichtungen ergänzt den Komplex der Gartenteichreinigung.

Wertvolle Hilfe leistet Ihnen die angehängte Checkliste („Was ist, wenn ...?“), aus der sich die wichtigsten Ursachen für auftretende Probleme und deren Gegenmaßnahmen ableiten lassen. Dem nach Monaten gegliederten Arbeitskalender kann der Leser alle notwendigen Arbeiten an einem Gartenteich zur entsprechenden Jahreszeit entnehmen.

Mit diesem praxisnahen Buch können Sie die Ursachen von Problemen sicher erkennen und erfolgreich Fehler beheben. Angehenden Teichbesitzern hilft es, mögliche Problemquellen durch eine richtige Lage, Gestaltung, Bepflanzung und den passenden Fischbesatz von vorneherein auszuschalten.

Homburg, im Sommer 2002
Peter Hagen

Planungsfehler vermeiden

Zählt man alle Gartenteiche, einschließlich Miniteiche, Balkonteiche, Schwimmteiche oder Feuchtbiotope in Deutschland zusammen, so kommt man immerhin auf die stattliche Summe von etwa 6 000 000 Gartenteichen. Nachforschungen haben ergeben, dass sich diese Menge um nahezu 200 000 Teiche pro Jahr erweitert. Rechnet man diese Zahl statistisch um, ist fast jeder 13. Gartenfreund gleichzeitig stolzer Besitzer eines Gartenteiches.

Leider ist nicht jeder Teichbesitzer mit seinem Teich glücklich. Die Ursachen sind in erster Linie in baulichen Mängeln oder aber auch in falscher Pflege und Behandlung zu suchen. Die Natur macht es uns im Grunde genommen sehr genau vor, wie ein Teich beschaffen sein muss, damit er funktioniert und man an ihm auch Freude hat:

- Er muss **ausreichend groß** sein und, bezogen auf seine Größe, so viele Tiefstellen aufweisen, dass er auch in niederschlagsarmen Zeiten genug Wasser hat und im Winter nicht bis zum Grund zufrieren kann. Dabei fällt die Uferzone natürlicher stehender Gewässer sanft zur Gewässermitte hin ab.
- Ein funktionstüchtiger natürlicher Teich besitzt in der Regel einen **Wasserzulauf** und einen **Wasserablauf** für den Wasseraustausch.
- Natürliche Teiche liegen meistens nicht ganztägig in der Sonne, oft haben sie in der heißesten Zeit ein wenig **Beschattung** durch die umgebende Vegetation.
- Eine ganz wesentliche Rolle spielt der **Bewuchs mit Wasserpflanzen** für die unterschiedlichsten Wassertiefen. Teiche in der freien Natur zeichnen sich häufig durch einen sehr üppigen Pflanzenbewuchs aus.
- In einem natürlichen Teich findet man eine Artenvielfalt an Fischen und anderen Teichbewohnern vor, deren Zusammensetzung und Individuendichte sich auf einfachste Weise von selber regelt; so wird ein **Gleichgewicht im Artenspektrum** und in den Bestandszahlen weitgehend gewährleistet.

Die „Funktionsfähigkeit“ eines Teiches ist also von lediglich fünf Punkten abhängig. Allerdings ist äußerst wichtig, jeden Punkt bei der Anlage eines „künstlichen“ Gartenteiches zu berücksichtigen. Ergeben sich auch nur geringe Abweichungen von diesen Grundvoraussetzungen, sind Probleme und damit unglückliche oder unzufriedene Gartenteichbesitzer vorprogrammiert. Man kann nicht einfach erwarten, dass sich aus einem mit einer Abdichtung versehenen Loch im Garten von alleine ein funktionstüchtiger Gartenteich entwickelt.

Woran liegt es nun, wenn ein Gartenteich unter falschen Voraussetzungen gebaut wurde und seinem Besitzer hinterher mehr Kummer als Freude bereitet? All zu häufig sind es gut gemeinte Ratschläge vom Nachbarn. Fachbücher über Teichbau gibt es in großer Zahl, leider werden die Informationen darin beim Selbstbau nicht immer verwirklicht. In kaum einem Bereich der Gartengestaltung werden so viele Fehler begangen wie ausgerechnet beim Bau eines Gartenteiches. Darum kann man vor Baubeginn eines Gartenteiches nicht genug Informationsmaterial zusammentragen und dann versuchen, das Gelernte in die Tat umzusetzen. Das vorliegende Buch soll dem Teichbesitzer helfen, die physikalischen und chemischen Vorgänge innerhalb eines Teiches sowie deren Zusammenwirken besser zu verstehen. Es soll dazu motivieren, begangene Fehler nachträglich auszubessern, Ursachen für Probleme zu ergründen und Lösungen dafür zu finden. Keinesfalls sollte die „Lösung" darin bestehen, den unansehnlichen Gartenteich einfach zuzuschütten, was leider häufig vorkommt.

Die richtige Größe

Die Größe eines Gartenteiches hat einen ganz entscheidenden Einfluss auf den späteren Pflegeaufwand. Je größer ein Teich ist, desto pflegeleichter wird er auch sein. Sehr kleine Teiche sind problematisch, weil sich die geringe Wassermenge zu schnell erwärmt. Natürlich hat nicht jeder, der einen Teich bauen will, auch ausreichend Platz dafür. Es ist nicht einfach, generelle Dimensionierungsvorschläge für die „richtige" Teichgröße zu geben. Eine Gestaltung unter Berücksichtigung der eingangs erwähnten fünf Punkte und eine Wasserfläche von 4 × 6 m mit ausreichender Wassertiefe dürften zu einem problemlosen Teich führen.

Entscheidend für die Gestaltung ist, welche Erwartungen man an seinen zukünftigen Teich stellt. Teichbesitzer und die damit verknüpften Nutzungen kann man grob in vier Gruppen einteilen:

Freunde der Koikarpfenhaltung haben das Wissen und die Ansprüche von Aquarianern. Ihre Teiche werden unter vollkommen anderen Gesichtspunkten gebaut. Das Wasser muss ständig glasklar sein, Pflanzen und dekorative Elemente spielen eine eher untergeordnete Rolle. Die Hauptsache sind die Koikarpfen, die immer gut zu sehen sein müssen und nur bei bester Wasserqualität überleben können.

Naturverbundene bepflanzen ihren Teich dekorativ, versehen ihn mit einem Wasserfall oder Bachlauf und wissen, dass auch Algen zu den Wasserpflanzen gehören, mit deren Auftreten man sich eben abfinden muss.

Ordnungsliebende nehmen schon die leichteste Wassertrübung übel und wollen möglichst rasch und gründlich mit Chemikalien Abhilfe schaffen.

Fertigteichliebhaber haben mit einem Folienteich bereits schlechte Erfahrungen gemacht und sich in einem zweiten Anlauf ein Fertigbecken mit steil abfallenden Wänden und vorgefertigten Pflanzrinnen beziehungsweise -stufen gekauft. Fische möchten sie natürlich auch im Teich haben. Leider hat ihnen zuvor niemand davon abgeraten, in den kleinen Teich Fische einzusetzen. Wenn schon Fisch, dann

Ein schön gestalteter Gartenteich mit einer großen Wasserfläche

sollte es auf keinen Fall ein Goldfischweibchen sein, das innerhalb kürzester Zeit für Überbesatz des ohnehin kleinen Lebensraumes sorgt (siehe auch Seite 110ff.).

Strapazierfähige Teichbaumaterialien

Für den Bau eines Teiches stehen viele verschiedene Materialien zur Verfügung. Welches letztlich zur Anwendung kommt, ist vom Geldbeutel und dem zur Verfügung stehenden Platz abhängig. Teichbau mit natürlichen Baustoffen, wie **Tonziegel oder Montmorillionit** können nur für relativ große Teiche verwendet werden, da die Bauweise lediglich einen Böschungswinkel von etwa 40 ° zulässt.

Die gebräuchlichsten Teichbaumaterialien sind die unterschiedlichen Folienarten. Am bekanntesten dürfte hierbei die Teichfolie aus **Polyvinylchlorid (PVC)** sein. Man bekommt sie in unterschiedlichen Stärken von 0,5 bis 1,5 mm. Auch die Einfärbung der PVC-Folien ist nicht immer gleich: Neben schwarzer Folie gibt es auch grüne und braune. Manche Hersteller versehen ihre Teichfolie auch noch mit einer Oberflächenstruktur, auf der sich Mikroorganismen ansiedeln können.

Teichfolien aus **Polyethylen (PE)** zählen zu den umweltfreundlicheren Kunststoffen, die im Teichbau verwendet werden. Ihre Verarbeitung ist nicht ganz so problemlos wie bei PVC-Folien. Auch diese Folie ist in unterschiedlichen Stärken erhältlich.

Der Wasserfall ist bei diesem Teich das dominierende Element

Für sehr tiefe Teiche kann man sich eine der soeben genannten Folien kaufen, wobei die Stärke dann bei mindestens 1 mm liegen sollte. Eine gute Alternative bieten **Kautschuk-Butyl-Folien** mit besonders ausgeprägter Reißfestigkeit. Hierbei handelt es sich aber auch gleichzeitig um die teuerste Teichfolie.

Für Schwimmteiche sollten Sie auf die im Handel üblichen **Schwimmteichfolien** zurückgreifen.

Besonders stabile und formschöne Gartenteiche lassen sich aus **Glasfasermatten** gestalten, die mit Polyesterharz dauerhaft verbunden werden. Nachteilig sind lediglich der hohe Preis und der noch höhere Arbeitsaufwand.

Bei relativ wenig Platz für einen Teich kann man nur zum Kauf eines **Fertigbeckens aus glasfaserverstärktem Kunststoff (GFK)** raten. Es hat sich aber herausgestellt, dass Fertigteichbesitzer die meisten Probleme mit ihrem Teich haben. Dies liegt an der Bauart der Becken, die keine ausreichende Wassertiefe und Bepflanzung zulässt.

Lage des Gartenteiches

In den meisten Büchern über Teichbau wird sehr eingehend die richtige Lage des Teiches beschrieben. Deswegen soll zu diesem Thema auch nur das Wichtigste gesagt werden. Entscheidend ist eine Lage, die sowohl der Optik und Einbindung in die übrige Gartengestaltung als auch den physikalisch-chemischen Prozessen im Teichwasser gerecht wird. Im Sommer während großer Mittagshitze sollte ein Teich nicht ständig der prallen Sonne ausgesetzt sein. Lässt sich dies nicht vermeiden, muss er so bepflanzt werden, dass Pflanzen die Wasseroberfläche in der kritischen Zeit beschatten.

Dies ist mit großblättrigen Schwimmblattpflanzen wie Seerosen möglich.

Große Laub- und Nadelbäume in unmittelbarer Teichnähe stellen ein vorprogrammiertes Problem dar. Besonders im Herbst verlieren diese Bäume große Mengen an Laub und Nadeln, die zwangsläufig im Teich landen und dort für eine starke Überdüngung (Eutrophierung) des Teichwassers sorgen. Ebenso ungeeignet sind Pflanzen, die über ein ausgeprägtes Wurzelsystem verfügen. Bambus- oder auch Weiden-Arten sind durchaus in der Lage, eine Teichfolie mit ihrem Wurzelwerk zu durchdringen.

Die ausreichende Wassertiefe

Jeder Teich sollte unabhängig von seiner Größe über eine vernünftige Wassertiefe verfügen. Je größer man ihn plant, desto großzügiger kann die Tiefe gewählt werden. Fertigbecken haben in der Regel eine Tiefe von lediglich 60 cm, nur große Modelle sind tiefer. Leider lässt man den Kunden oft in dem Glauben, diese Tiefe sei auch während der Wintermonate für die Fische ausreichend. Einige Tage mit Temperaturen unter dem Gefrierpunkt genügen, um eine Eisschicht von 40 bis 50 cm Stärke in dem Becken auszubilden. Den Fischen bleiben dann kaum mehr als 10 bis 20 cm Lebensraum. Deshalb sollten Sie in Ihrem Teich Bereiche mit einer Wassertiefe von 150 cm schaffen. Nicht nur die Teichfische werden es Ihnen danken. Eine ausreichende Wassertiefe ist gleichbedeutend mit besserer Wasserqualität und damit weniger Problemen im Teich selbst.

Die Wassertiefe eines Teiches hat aber auch entscheidenden Einfluss auf die Gestaltung des Teiches selbst. Die tiefste Stelle im Teich muss im Einklang mit den übrigen Tiefenzonen stehen. Sie darf nicht zu Lasten höher gelege-

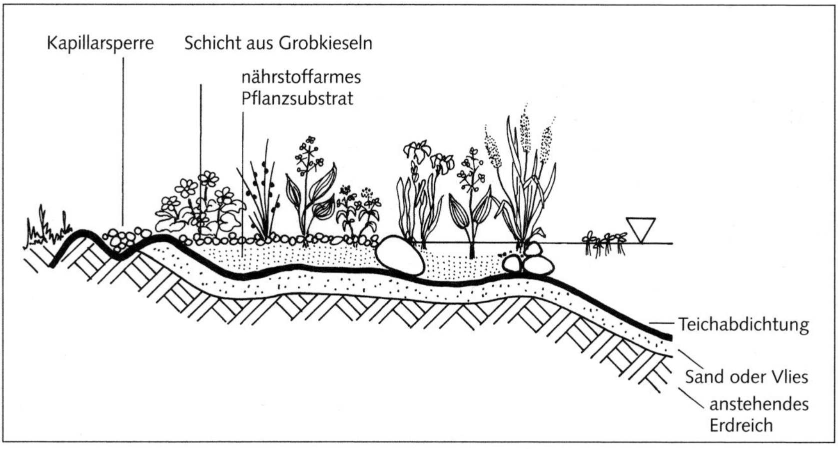

So sollte der Uferbereich mit einer funktionierenden Kapillarsperre gestaltet sein

ner Bereiche dominieren, denn dann wäre der Teich nichts anderes als ein Wasserloch mit steilen Wänden. Ein gut gestalteter Teich hat mehrere unterschiedliche Wassertiefen, einschließlich einer möglichst großzügigen Sumpfzone. Wulstartige Erhebungen am Rande der verschiedenen Tiefenzonen ermöglichen jeweils das Befüllen mit nährstoffarmem Substrat. So benötigt man keine Pflanzkörbe zum Einbringen von Ufer- und Unterwasserpflanzen und der Teich wird sehr pflegeleicht.

Wasserablauf – Wasserzulauf

In den wenigsten Fällen wird beim Teichbau daran gedacht, einen Überlauf einzuplanen beziehungsweise gleich mit einzubauen. Ein überlaufender Teich kann im Teichrandbereich unterspült und dadurch undicht werden.

Leider wird ein derartiger Überlauf nur sehr selten eingeplant

Durch einen Überlauf kann auf sehr bequeme Art **Teichwasser abgelassen** oder auch ausgetauscht werden. Besonders im Sommer, wenn die Teichwasserqualität durch starke Erwärmung leidet, ist ein derartiger Überlauf von großer Bedeutung. Das abzuleitende Wasser kann einfach über ein Rohrsystem an den Kanal angeschlossen werden. Ist der Weg bis zum nächsten Kanal zu weit, reicht in der Regel auch ein kleiner Sickerschacht in der Nähe des Teiches. Auf den Seiten 74ff. werden mehrere Möglichkeiten aufgezeigt, wie man auch in einem bereits vorhandenen Gartenteich einen Überlauf nachträglich einbauen kann.

Wenn man in einem Gartenteich Wasser ab- oder überlaufen lässt, dann muss auch eine Möglichkeit der **Frischwasserzufuhr** vorhanden sein. In der Regel können Sie dazu das Wasser eines den Garten durchfließenden oder das Grundstück tangierenden Baches nutzen. Der Anstau oder das Umleiten natürlicher Gewässer ist für private Zwecke rechtlich nicht zulässig.

Die einfachste Lösung wäre die Zuleitung von frischem Leitungswasser über einen Gartenschlauch. Dieses Verfahren ist in der Fachwelt umstritten, denn im Leitungswasser sind leider sehr viele Stoffe, die man im Teich lieber nicht hätte. Andererseits ist es noch wesentlich besser, frisches Leitungswasser einzuleiten, als ungehindert die Wassertemperatur weiter ansteigen zu lassen. Eine sowohl ökologisch sinnvolle als auch ökonomisch interessante Möglichkeit der Frischwasserzuleitung bietet sich über eine Dachentwässerung von Regenwasser.

Ein funktionierender Teich
- verfügt über einen Wasserzulauf/ Wasserüberlauf
- besitzt ein ausgewogenes Wassertiefen-Verhältnis
- hat eine ausreichend dimensionierte Tiefzone
- wird üppig bepflanzt
- liegt nicht ganztägig in der Sonne
- beherbergt die passenden Fischarten in richtiger Individuendichte

Hierbei sollten Sie aber beachten, dass das von einem Dach abgeleitete Regenwasser stark mit Stoffen belastet sein kann, die den pflanzlichen und tierischen Teichbewohnern abträglich sind. Bei diesem Verfahren sollte also unbedingt eine gute Fallrohrfilteranlage vorgeschaltet sein. Der Fachhandel für Regenwassernutzung bietet hierzu eine breite Palette verschiedener Filteranlagen an.

Teichrandgestaltung – gewusst, wie!

Ein Teichrand kann in seiner Beschaffenheit sehr unterschiedlich sein. Es ist eine Frage der Bauweise, über deren Konsequenzen man sich von vornherein im Klaren sein sollte. **Naturnahe Teiche** haben einen fließenden Übergang von der Sumpfzone zum umgebenden Gelände. Dies hat zur Folge, dass der Teichrand und sein Umfeld immer feucht sein werden. Bis sich der Wasserstand dieses ökologischen Teiches eingependelt hat, vergeht ein längerer Zeitraum, bei dem man einen größeren Wasserverlust im Teich einkalkulieren muss. Naturnah gestaltete Teiche unterscheiden sich von anderen Teichen durch die wechselvolle und artenreiche Uferzone. Durch den nahtlosen Übergang in das freie Gelände werden sich verschiedene Pflanzen aus dem Sumpfrand des Teiches verstärkt

Der frei liegende Folienrand führt früher oder später zu Problemen

Zu steile Teichränder können mit Hilfe von Kokosmatten etwas „entschärft“ werden

ausbreiten. Die klare Abgrenzung zwischen Teich und Umfeld verschwimmt und ist kaum sichtbar. Dadurch verstärkt sich die Gefahr einer frühzeitigen Verlandung des Teiches. Diese Bauweise lohnt sich deshalb nur bei etwas größeren Teichen, deren Wasseroberfläche zwischen 15 bis 20 m^2 liegt.

Bei einer **formalen Bauweise** sind Teich und Umfeld optisch und baulich klar voneinander abgegrenzt. Eine Kombination aus beidem ist nur schwer möglich und von den meisten Teichbesitzern auch nicht gewollt. Platten aus Kunst- oder Naturstein sind geeignet, um diese Trennung hervorzuheben und zu erhalten. Dieser Plattenbelag kann in den Trennbereich zwischen Sumpfzone und anstehendem Erdreich oder bei genügend Platz auch direkt dahinter verlegt werden. Solch einen Plattenweg legt man am besten trocken in Sand. Gefällt er eines Tages nicht mehr, kann er ohne Einsatz eines Presslufthammers wieder entfernt werden. Um auch diese Teiche optisch in die Gartenlandschaft einbinden zu können, bietet der Markt eine Fülle von geeigneten Gräsern, Farnen oder Blütenstauden an. Diese Teichbegleitpflanzen stehen allesamt außerhalb der Sumpfzone, verleihen dem Teich aber eine bestimmte Wirkung und steigern dessen Zierwert. Erst das sorgfältig geplante Umfeld macht einen Teich perfekt.

Die wichtigsten Wasserwerte

Der Wunschtraum eines jeden Teichbesitzers ist kristallklares Wasser, das vielen Pflanzen und tierischen Teichlebewesen einen optimalen Lebensraum bietet und „sauber“ aussieht. Beachten Sie bei einer Teichneuanlage, dass das Wasser zumindest nicht sofort glasklar sein kann. Tiere, Pflanzen und das Wasser benötigen eine gewisse Zeit, bis sich ein Gleichgewicht zwischen den im Teich ablaufenden Prozessen eingestellt hat. Zum besseren Verständnis sollen nun die komplizierten biologischen, chemischen beziehungsweise biochemischen Vorgänge im Teichwasser etwas näher erläutert werden.

In destilliertem Wasser könnten Pflanzen und Tiere nur kurzfristig überleben. Im Teichwasser befinden sich verschiedene Stoffe, die in ihrer Gesamtheit als Salze bezeichnet werden. Ihre Konzentration kann sehr unterschiedlich sein und somit entscheidenden Einfluss auf die Wasserqualität haben.

Karbonhärte

In vorwiegend kalkhaltigen Gebieten finden wir im Wasser Kalzium- und Magnesiumsalze (Karbonate), die an Kohlensäure (H_2CO_3) gebunden sind. Ihr im Wasser gelöster Anteil wird durch die so genannte „Karbonhärte“ ausgedrückt. Diese spiegelt sich im messbaren KH-Wert wider. Anders ausgedrückt bedeutet dies, dass bei 1 °dH 10 mg Kalziumoxid in 1 l Wasser gelöst sind.

Außerdem befinden sich die Salze der Schwefelsäure im Wasser, deren im Wasser gelöster Anteil die Nicht-Karbonhärte (NKH) ausmacht. Beide Salzkonzentrationen zusammengezogen, also KH und NKH, ergeben die Gesamthärte (GH) von Wasser. Sind nur geringe Mengen an Karbonaten gelöst, so spricht man von „weichem Wasser“; umgekehrt bei einem höheren Anteil an gelösten Karbonaten von „hartem Wasser“. Desweiteren ist das Teichwasser mit organischen Bestand-

Wasserwerte im Überblick
fette Zahlen = sehr ungünstige Wasserwerte, magere Zahlen = günstige Wasserwerte

pH-Wert	**5**	**6**	7	8	**9**	**10**	>	...
GH-Wert	<	**5**	**6**	**7**	8	9	10	11
KH-Wert	<	**2**	**3**	**4**	5	6	7	8
Ammoniak (mg)	0,0	0,25	**0,5**	**0,75**	**1,0**	>	...	...
Nitrit (mg)	0,0	0,25	**0,5**	**0,75**	**1,0**	>	...	...
Nitrat (mg)	20	40	**60**	**80**	**100**	>	...	...
Sauerstoff (%)	**40**	**50**	**60**	70	80	90	100	...

teilen (beispielsweise Huminsäuren, Eiweiße, Fette, Stärke) angereichert.

Durch Niederschläge in Form von Regen oder Schneefall gehen laufend Karbonate verloren, denn das Wasser wird dadurch regelrecht verdünnt. Nicht zu unterschätzen sind auch die Veränderungen des Teichwassers durch die Einleitung von Leitungswasser. Eine regelmäßige Überprüfung der Karbonhärte ist der wichtigste Wassertest. Wird im Teichwasser die Karbonhärte erhöht oder gesenkt, verändert sich gleichzeitig der Leitwert (Microsiemens = ms) – pro Karbonhärte-Punkt um etwa 30 ms. Dieser Wert drückt die Gesamtmenge der im Wasser gelösten Salze aus, im Idealfall liegt er zwischen 200 bis 300 ms.

Sauerstoff

Im Teichwasser befindet sich Sauerstoff (O_2), der für alle aeroben Prozesse innerhalb des Teiches wichtig ist. Dieser Sauerstoff stammt zum einen aus der Luft, zum anderen wird er von den Wasserpflanzen selber tagsüber durch Photosynthese produziert. Allerdings besitzen Sauerstoff spendende Unterwasserpflanzen kaum Zierwert und liegen abgesenkt am Teichgrund, weshalb sie nur unzureichend in Gartenteichen eingesetzt werden.

Der Gehalt an Sauerstoff in einem Teich unterliegt recht großen Schwankungen, die auf mehrere Faktoren zurückzuführen sind. Pflanzen und Algen, die tagsüber während der Photosynthese Sauerstoff und Zuckerstoffe (Assimilate) produzieren, veratmen nachts die gleiche Menge zur Energiegewinnung. Hinzu kommt der Sauerstoffverbrauch durch tierische Organismen und biologische Abbauprozesse. So kann es rasch zu einer Sauerstoff-Unterversorgung im Teich kommen. Bei flachen Teichen ist die Gefahr des „Umkippens" am größten, denn sie erwärmen sich zu rasch.

Sauerstoffgehalt in Abhängigkeit von der Wassertemperatur

Wasser-temperatur (°C)	Sauerstoffgehalt (mg/l)
35	6,9
30	7,6
25	8,3
20	9,1
15	10,1
10	11,3
5	12,8
4	13,2

Die Löslichkeit von Sauerstoff im Wasser hängt in erster Linie von der Wassertemperatur ab. Je wärmer Wasser ist, desto geringer ist seine Löslichkeit, Sauerstoff erreicht seinen Sättigungsgrad bei 16 mg/l. Deswegen ist es so unermesslich wichtig, die Gartenteiche tief genug zu gestalten, denn nur bei ausreichender Wassertiefe kann auch bei hohen Außentemperaturen das Wasser noch so kühl bleiben, dass es ausreichend Sauerstoff beinhaltet. Ein Sauerstoffgehalt von 12 mg/l wäre ideal.

Der eigentliche Sauerstoffmangel besteht vor allem in den frühen Morgenstunden, wenn die „Neuproduktion" über die Photosynthese noch nicht eingesetzt hat. Erfolgt dann zusätzlich eine rasche Wassererwärmung, sind Probleme vorprogrammiert.

Kohlendioxid

Ein anderer sehr wichtiger, gasförmiger Stoff im Wasser ist das Kohlendioxid (CO_2). Es wird nachts von Pflanzen produziert, die im Gegenzug Sauerstoff dafür aufnehmen. Dieser Prozess läuft tagsüber in umgekehrter Reihenfolge.

Weitere Kohlendioxid-Produzenten sind alle im Teich lebenden Tierarten. Kohlendioxid ist für die Unterwasserpflanzen eine wichtige Nährstoffquelle. Die Produktion von Kohlendioxid und Sauerstoff durch Pflanzen bezeichnet man als Photosynthese oder Kohlenstoffkreislauf.

Der Gehalt an Kohlendioxid im Wasser ist wichtig für eine gute Pufferwirkung, die wesentlich zur Stabilisierung des pH-Wertes beiträgt. Der Verbrauch von Kohlendioxid kann bei einem schlecht belüfteten Teich so hoch sein, dass der pH-Wert auf über 8,5 ansteigt. Wenn in einem Teich kein freies Kohlendioxid mehr verfügbar ist, greifen die Wasserpflanzen auf die Kohlensäure zurück, dadurch fallen Karbonate aus.

Der Säuregrad eines Wasser wird als pH-Wert ausgedrückt. Teichwasser sollte einen pH-Wert von 6,8 bis 8,3 aufweisen. Darunter oder darüber liegende Werte führen rasch zu Komplikationen im Teich. Weitgehend konstant gehalten werden kann er nur durch einen ausreichenden Kohlendioxid-Gehalt im Wasser.

Der Nährstoffkreislauf

Innerhalb einer Gartensaison gelangen große Mengen organischer Stoffe in das Teichwasser, die durch Bakterien-

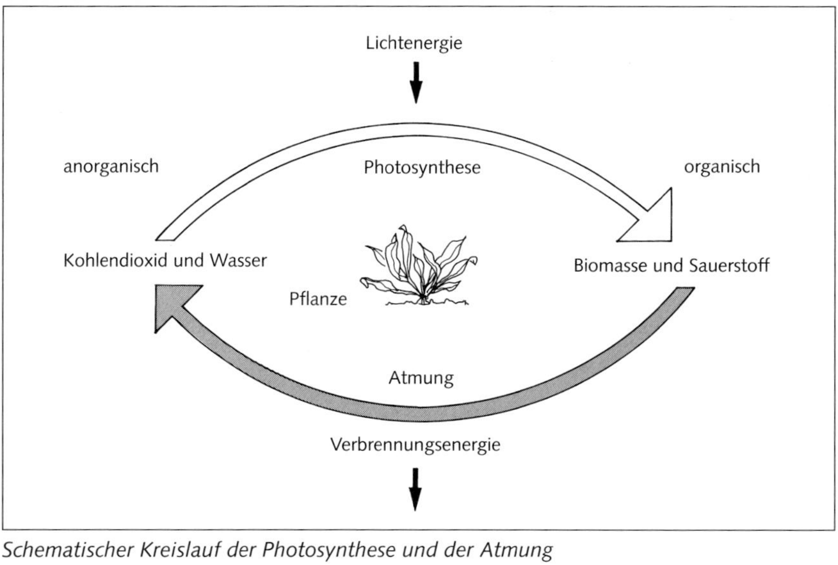

Schematischer Kreislauf der Photosynthese und der Atmung

einwirkung zu Nährstoffen umgewandelt werden. Die Quellen dieses Nährstoffeintrags sind vielfältig; kennt man sie, kann man einer zu hohen Belastung entgegenwirken. In der nebenstehenden Grafik sind alle wichtigen Ursachen dargestellt, die eine Eutrophierung des Teichwassers fördern.

Durch Fäulnisbakterien wird der organisch gebundene Stickstoff (Eiweißverbindungen) zersetzt. Hierdurch entstehen zwei andere Stickstoffverbindungen, die als **Ammonium** (NH_4) und **Ammoniak** (NH_3) bezeichnet werden. Je höher nun der pH-Wert des Teiches liegt, desto größer ist der Anteil an Ammoniak, der eine Gefährdung für alle Teichlebewesen darstellt. Wie der Ammoniakgehalt mit dem pH-Wert des Teichwassers in Verbindung steht, kann aus der nebenstehenden Tabelle abgeleitet werden.

In einem funktionstüchtigen Teich werden Ammonium und Ammoniak durch bestimmte Bakterien (*Nitrosomonas*) in **Nitrit** (NO_2) umgewandelt. Nitrit ist bereits in Konzentrationen von 0,2 mg/l für Fische höchst giftig und muss im Teich so rasch wie möglich weiter verarbeitet werden. Durch eine weitere Bakterienart (*Nitrobacter*) wird in einem nachfolgenden Oxidationsprozess das giftige Nitrit in **Nitrat** (NO_3) umgewandelt. Die Umwandlung des organisch gebundenen Stickstoffs zu Nitrat wird als **Nitrifikation** bezeichnet. Bei der Umwandlung der beiden Stickstoffverbindungen verbrauchen die Bakterien große Mengen an Sauerstoff. Man bezeichnet sie daher auch als aerobe (Sauerstoff liebende) Bakterien. Dieser Vorgang kann nur erfolgen, wenn die Wassertemperatur mindestens 10 °C beträgt. Die erste Stufe der Nitrifikation läuft wegen der geringen Vermehrungsrate der *Nitrosomonas*-Bakterien eher langsam ab. Wurde das giftige Nitrit stufenweise zu Nitrat im Teichwasser umgewandelt, besteht keine Gefahr mehr für Fischbestände im Teich.

Die Probleme entstehen nunmehr an ganz anderer Stelle: Nitrat ist ein Düngemittel, das Pflanzenwuchs besonders stark anregt. Einerseits werden hierdurch die Wasserpflanzen mit Nährstoffen versorgt, andererseits wird das Teichwasser durch verstärkten Algenwuchs trüb. Diese Wassertrübung wird als „Algenblüte" bezeichnet. Das biologische Gleichgewicht ist dadurch massiv gestört. Die Algen-

Prozentualer Anteil an Ammoniak (NH_3) in Abhängigkeit von pH-Wert und Wassertemperatur (nach Emerson et al 1975)

Wassertemperatur	Ammoniakgehalt in %							
10 °C	0,0186	0,0589	0,186	0,586	1,83	5,56	15,7	37,1	65,1
15 °C	0,0274	0,0865	0,273	0,859	2,67	7,97	21,5	46,4	73,3
20 °C	0,0397	0,125	0,396	1,24	3,82	11,2	28,4	55,7	79,9
25 °C	0,0569	0,180	0,566	1,77	5,38	15,3	36,3	64,3	85,1
30 °C	0,0805	0,254	0,799	2,48	7,46	20,3	44,6	71,8	89,0
pH-Wert	6,0	6,5	7,0	7,5	8,0	8,5	9,0	9,5	10

Die Menge der hier vertretenen Wasserpflanzen lässt auf gute Wasserqualitäten schließen

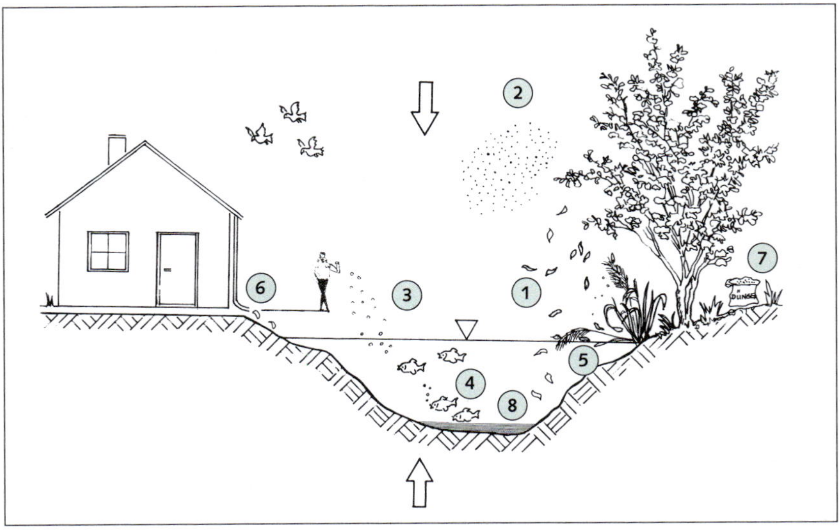

Die Quellen des Nährstoffeintrags in einen Gartenteich:
1) herabfallendes Laub; 2) Pollenflug im Frühjahr; 3) Fischfutter; 4) Fischexkremente; 5) zersetzte Pflanzenmasse; 6) ungefilterter Regenwassereintrag; 7) ausgeschwemmter Dünger; 8) Teichschlamm

blüte hält so lange an, wie im Teichwasser ausreichend Nährstoffe wie Nitrate und Phosphate enthalten sind.

Die Algen sterben mit zurück gehendem Nährstoffangebot ab und sinken zu Boden, dabei werden sie unter hohem Sauerstoffverbrauch der Mikroorganismen wieder zu Ammonium und Ammoniak umgewandelt. Somit beginnt der Nährstoffkreislauf von neuem. Im Teichboden lebt eine weitere Bakterienart, die weitgehend unter Luftabschluss existiert. Diese so genannten anaeroben Bakterien sind in der Lage, Teile des Nitrats in gasförmigen Stickstoff (N_2) umzuwandeln. Diesen Vorgang bezeichnet man als **Denitrifikation**. Mit dem über das Wasser entweichenden gasförmigen Stickstoff gehen dem Teichwasser zu einem gewissen Teil Nährstoffe verloren. Dieser Umwandlungsprozess darf aber nicht überbewertet werden, denn die anaeroben Bakterien sind nicht in der Lage, das gesamte Nitrat in gasförmigen Stickstoff umzuwandeln. Je nach Eutrophierungsgrad werden immer noch große Restmengen von Nitrat im Teichwasser verbleiben, die den unerwünschten Algenwuchs fördern.

Neben Nitrat bewirkt auch **Phosphat** die Eutrophierung des Wassers, das hauptsächlich durch Fischkot eingetragen wird. Ein weitere Phosphatquelle ist der im Frühjahr starke Pollenflug. In Wohngegenden mit ausgeprägt hartem Leitungswasser werden häufig Wasserenthärtungsanlagen eingebaut, die den Härtegrad des Wassers mit Hilfe von Phosphat reduzieren. Sollte der Gartenteich mit derartigem Wasser nachgefüllt werden, ist es sicherlich ratsam, die Enthärtungsanlage („Impfbiene") kurzfristig zu inaktivieren.

Zur Eliminierung des Phosphates kennt man physikalisch-chemische Methoden, die mit Hilfe von Eisensalzen das Phosphat ausfällen. Andere Methoden funktionieren über die Absorption der Phosphat-Ionen durch Kunstharze. Alle diese Methoden wirken aber nur kurzfristig, sind häufig zu teuer und hinterlassen bei einer Behandlung fast immer noch zu hohe Phosphatmengen im Wasser. Um den Phosphatgehalt des Wassers zu senken, gibt es langfristig gesehen nur wenige Lösungen: Zum einen sollte der Fischbesatz drastisch vermindert werden. Zum anderen sollte man immer dafür sorgen, dass genügend Unterwasser- und Schwimmblattpflanzen im Teich vorhanden sind, die über ihre Blattoberfläche den Phosphat- und Stickstoffgehalt des Wassers aufzehren.

Die Wasseranalyse

Über die Wasserwerte seines Teiches sollte ein Teichbesitzer immer gut informiert sein, denn es gibt kaum eine bessere Möglichkeit, Fehler zu analysieren und gegebenenfalls abzustellen. Viele Gartencenter sind während der Gartensaison dazu über gegangen, für ihre Kunden gegen eine geringe Gebühr eine Teichwasseranalyse zu erstellen. Gut ausgerüstete Gartencenter verfügen häufig sogar über elektronische Messgeräte, mit deren Hilfe der pH-Wert, der momentane Sauerstoffgehalt sowie die Leitfähigkeit des Teichwassers ermittelt wer-

Stimmen die Wasserwerte, gedeihen die Pflanzen, wie hier die Blumenbinse

den können. Zur Feststellung dieser drei Werte ist es am zweckmäßigsten, wenn die Messdaten direkt am Teich ermittelt werden und dies nach Möglichkeit mehrmals am Tag. Alle drei Werte unterliegen recht unterschiedlichen tageszeitlichen Schwankungen.

Da eine Messung vor Ort aber häufig nicht möglich ist, geht es eben nur über eine Probenentnahme. Hier ist es ganz besonders wichtig, die Wasserprobe unter Wasser zu entnehmen und den Behälter auch dort zu verschließen. Messungen, die durch gelöste Gase beeinflusst werden (pH-Wert und Sauerstoff), sind mit größter Sorgfalt vorzunehmen und auch zu bewerten. Die Wasserprobe muss ohne Druck, ohne Sog und ohne Blubbern genommen werden. Das Wasser muss also ganz vorsichtig in die Flasche einlaufen und diese ohne Luftblase restlos gefüllt werden. Am besten wählt man zur Probenentnahme eine Stelle im Teich, an der kein Wasserspiel das Wasser bewegt, weil dort die Werte durch eingebrachten Luftsauerstoff verfälscht würden. Die Analyse der Probe sollte innerhalb von 24 Stunden erfolgen, Temperaturschwankungen sollten dabei möglichst unterbleiben. Seit kurzem bieten auch zwei Firmen Tests zur Bestimmung des Sauerstoffgehalts an, die ein Teichbesitzer selber durchführen kann. Die Genauigkeit dieser Tests liegt bei ± 1 mg O_2/l Wasser.

Eine Wasserprobe für einen Teich macht im Grunde genommen nur Sinn, wenn damit das Wasser getestet wird, mit dem der Teich ursprünglich einmal gefüllt wurde und auch immer wieder nachgefüllt wird. In fast allen Fällen dürfte dies das verfügbare Trinkwasser, seltener Regenwasser oder Wasser aus einem Brunnen oder natürlichen Bach sein. Die verschiedenen Wasserarten sollten getrennt voneinander getestet und dann miteinander abgeglichen werden. Sehr häufig können anhand der Messergebnisse bereits die ersten Fehlerquellen abgeleitet werden. Nicht selten beinhaltet Brunnen- oder Bachwasser stark belastende Stoffe, die in einem Gartenteich besser nicht vorkommen, wie beispielsweise Nitrat oder Phosphat; sobald Regenwasser ungefiltert in den Teich gelangt, kann es stark mit organischem Schmutz oder gar Schwermetallen belastet sein. In Haushalten mit extrem harten Wasserwerten (> 30 °dH) werden gerne Wasserenthärtungsanlagen eingebaut, die mit unterschiedlichsten Methoden arbeiten:

Eine Möglichkeit der Wasserenthärtung funktioniert über so genannte „Impfbienen", die den Kalk über Phosphorverbindungen ausfällen. Hierbei wird permanent Phosphor mit ausgespült, der dann zwangsläufig auch im Gartenteich ankommt. Dies kann man unterbinden, indem die Enthärtungsanlage während der Gartenteichbefüllung abgeschaltet wird. Aus dem nebenstehenden Kasten ist ersichtlich, welche Wasserinhaltsstoffe in welcher Konzentration für Teichlebewesen bedrohlich sind.

Mit herkömmlichen Messmethoden können diese Stoffe leider nicht festgestellt werden, dazu ist nur ein gut ausgerüstetes Labor mit elektronischen Messinstrumenten in der Lage. Da sich aber ein Großteil der genannten Stoffe im Zuleitungswasser befindet, sollten Sie nach der Erstbefüllung des Teiches in jedem Fall chemische Zusätze hinzufügen, die derartige Giftstoffe im Wasser binden oder ausfällen. Die entsprechenden Präparate nennen sich zum Beispiel „Teichstarter", „Teichfit", „Teichvital" oder „Leitungswasser Aktiv". Erhältlich sind solche Produkte, die keinerlei schädigende Auswirkung auf den Teich haben, in gut geführten Gartencentern sowie im Zoofachhandel.

Bedeutend wichtiger ist die regelmäßige Wasseruntersuchung nach den Parametern, die im richtigen Mengenverhältnis die Selbstreinigung und Selbsterhaltung eines Teiches über-

Giftigkeit verschiedener Wasserinhaltsstoffe

Nitrit	ab 0,1 mg/l
Nitrat	ab 100 bis 300 mg/l
Ammonium	ab 0,1 mg/l
Ammoniak	ab 0,05 mg/l
Chlor	ab 0,4 mg/l
Quecksilber	ab 0,25 mg/l
Phosphat	ab 0,1 mg/l
Cadmium	ab 4,0 mg/l
Nickel	ab 30,0 mg/l
Cobalt	ab 35,0 mg/l
Mangan	ab 650 mg/l
Kupfer	ab 0,15 mg/l

Testmöglichkeiten für Teichwasser (mit Ideal- und Grenzwerten)

Test	Messmethode			Werte	
Parameter	Elektrode	Tropfen	Indikator	Idealwert	Grenzwert
pH-Wert	+	+	+	6,5–8,3	> 6 < 8,5
Ammonium	–	+	+	0 mg/l	0,1 mg/l
Ammoniak	–	+	+	0 mg/l	0,05 mg/l
Nitrit	–	+	+	0 mg/l	0,1 mg/l
Nitrat	–	+	+	0 mg/l	100 mg/l
Phosphor	–	+	+	0 mg/l	0,1 mg/l
Kupfer	–	–	+	0 mg/l	0,1 mg/l
Chlor	–	–	+	0 mg/l	0,3 mg/l
Karbonhärte	–	+	+	5–10	> 5 < 12
Gesamthärte	–	+	+	10–12	> 5 < 13
Sauerstoff	+	–	–	13 mg/l	7 mg/l
Microsiemens	+	–	–	150–300 ms	< 350 ms

haupt erst ermöglichen oder bei deren Über- bzw. Unterschreitung helfend eingegriffen werden kann. Hier hat sich das nasschemische Testverfahren oder der so genannte „Tropfentest" durchgesetzt, wo mit dem Farbumschlag von Indikatorlösungen gearbeitet wird. Diese Testreihen werden von mehreren namhaften Firmen angeboten, die in ihrer Genauigkeit teilweise aber erheblich voneinander abweichen. Ideal sind kleine Testkoffer, mit denen die gesamte Palette der wichtigen Parameter getestet werden kann. Diese Indikatorlösungen können Sie einfach tropfenweise der Wasserprobe beigegeben. Wenn sich Verfärbungen in der Wasserprobe einstellen, kann man diese mit den beigelegten Farbskalen vergleichen und die Konzentration des untersuchten Stoffes bestimmen. Die meisten der angebotenen nasschemischen Testverfahren zeichnen sich durch höchste Genauigkeit und Empfindlichkeit aus. Der Nachweis kann schon ab sehr niedrigen Konzentrationen geführt werden und die Präparate können temperaturunabhängig angewendet werden. Genaue Anwendungsbestimmungen sowie die dazu gehörenden Farbskalen sind den einzelnen Präparaten immer beigelegt. Beim Kauf sollte man allerdings auf das Verfallsdatum achten, denn diese Produkte haben eine nur begrenzte Haltbarkeit.

Eine weitere Möglichkeit der Wasserkontrolle gelingt mit Indikatorstäbchen, allerdings sind diese gegenüber der vorausgegangenen Messmethode nicht ganz so genau. Das soll nicht heißen, dass die damit festgestellten Messergebnisse falsch sind, es lassen sich aber nur größere Schritte auswerten und Konzentrationen bestimmen. Zum besseren Verständnis: Mit der nasschemischen Testmethode kann Nitrit im Teichwasser mit 0,1 mg/l festgestellt werden, Indikatorstäbchen zeigen, ob 0, 1, 5, 10, 20, 40 oder

Musterblatt einer Wasseranalyse

Adresse

Name:

Straße:

PLZ:

Ort:

Telefon:

Fax:

Angaben zur Probenentnahme

Datum:

Uhrzeit:

Wetter: sonnig ☐ bewölkt ☐ Regen ☐

Lufttemperatur:

Wassertemperatur:

Sonstiges:

Parameter	**Wasserwerte**	
	Ausgangswasser	**Teichwasser**
Karbonhärte:		
Gesamthärte:		
Microsiemens:		
Ammonium/Ammoniak:		
Nitrit:		
Nitrat:		
Phosphat:		
Sauerstoff:		

Verbesserungsvorschlag:

Analyse ausgeführt durch:

Datum:

80 mg Nitrit/l Wasser vorhanden sind. Die Indikatorstäbchen bestehen aus schmalen Kunststoffstreifen, die an einem Ende mit mehreren behandelten Lackmuspapierabschnitten versehen sind. Wird dieser Streifen in das zu testende Wasser getaucht, verfärbt er sich rasch und kann mit der beigefügten Farbskala verglichen werden. Für allgemeine Teichwassertests ist diese Methode durchaus empfehlenswert. Erst wenn größere Probleme auftauchen und man zur Lösung genauere Testergebnisse benötigt, sollte man zu exakt arbeitenden Testmöglichkeiten übergehen. Mit beiden Testmethoden kann das Teichwasser auf Art und Menge der in der Tabelle aufgeführten Schadstoffe hin untersucht werden. Es ist von entscheidender Bedeutung, diese Tests regelmäßig durchzuführen und die Werte zu dokumentieren (siehe Musterblatt Seite 22). Ebenso wichtig ist es, tageszeitabhängige Werte wie pH-Wert, Sauerstoffgehalt oder Karbonhärte zu unterschiedlichen Tageszeiten zu ermitteln, um aussagekräftige Mittelwerte zu erzielen.

Durch die Auswertung von Testergebnissen können Fehlerquellen gefunden und abgestellt werden: Relativ einfach können Sie Quellen von Nährstoffeinträgen im Teichwasser feststellen und Maßnahmen der Nährstoffreduzierung ergreifen. Bauliche Fehlerquellen, wie fehlender Überlauf oder ungenügende Bepflanzungsmöglichkeiten, können teilweise auch noch nachträglich verändert werden. Komplizierter wird es bei einer zu geringen Wassertiefe des Teiches, die immer dazu führt, dass sich das Teichwasser zu rasch erwärmt und damit die Speicherkapazität von gelöstem Sauerstoff stark senkt.

Sollten Sie zwar Messergebnisse ermittelt haben, sich jedoch unklar über deren Aussagen oder die zu ergreifenden Maßnahmen sein, können Sie Ihr Protokoll der Wasseranalyse im gut sortierten Fachhandel und Gartencentern mit Servicedienst einreichen; hier bekommen Sie dann fachkundige Unterstützung.

Das Teich-Tagebuch
Zur genauen Dokumentation Ihrer Messergebnisse der Parameter an verschiedenen Tagen oder zu unterschiedlichen Zeiten innerhalb eines Tages sollten Sie ein Teich-Tagebuch führen. Hier ist es sinnvoll, in einer Tabelle alle getesteten Werte mit ihren Konzentrationen zu bestimmten Zeiten (Datum, Uhrzeit) festzuhalten. Ergänzende Angaben zum Wetter (Sonne, Regen, Wolken), zur Wassertemperatur oder zu sonstigen Beobachtungen (Vegetation, Tiere) können von großem Nutzen sein.

Hilfe, in meinem Teich sind Algen!

Algen sind im Wasser allgegenwärtig – auch wenn man sie mit dem bloßen Auge gar nicht wahrnehmen kann. Das lässt sich mit einem sehr simplen Versuch nachweisen: Stellt man ein Glas mit frischem Leitungswasser auf eine Fensterbank in das Sonnenlicht, werden schon nach kurzer Zeit Algen sichtbar und das ehemals klare Wasser bekommt einen hellgrünen Schimmer. Nun kann man aber nicht nur von „der" Alge sprechen, denn es gibt mehr als 100 000 verschiedene Arten. Viele davon kommen in einem Gartenteich vor, doch Probleme bereiten dem Teichbesitzer nur wenige Gattungen und Arten.

Für Oberflächengewässer sind Algen geradezu lebensnotwendig, da sie als chlorophyllhaltige grüne Pflanzen hauptsächlich für die Sauerstoffproduktion verantwortlich sind. Das bedeutet, Algen sind grundsätzlich sehr willkommene Wasserpflanzen. Erst wenn am Gleichgewicht und Selbstreinigungsmechanismus eines Teiches etwas nicht stimmt und die Algen sich explosionsartig vermehren, werden sie zu einem echten Problem. Eine vermehrte Algenbildung ist ein erstes Anzeichen dafür, dass ein Gewässer aus dem biologischen Gleichgewicht geraten ist. Rund 97 % aller Teichbesitzer haben schon einmal ein Problem mit Algen gehabt und werden es vermutlich immer wieder bekommen, sofern sie den Ursachen für die massenhafte Ausbreitung nicht wirksam begegnen.

Einige Vertreter aus der großen Gruppe der Algen machen Teichbesitzern teilweise arg zu schaffen. Sie treten nicht nur zu unterschiedlichen Jahreszeiten auf, sie unterscheiden sich auch ganz wesentlich in Aussehen, Eigenschaften und Standortansprüchen voneinander. Ihr Vorkommen hängt von unterschiedlichen Faktoren im Teichwasser ab; ihre Ausbreitung geht mit sich verschlechternden Wasserqualitäten einher. Wenn man vom Übeltäter „Alge" im Teich spricht, so meint man damit im Allgemeinen Blaualgen, Grünalgen und Kieselalgen. Durch Formenvielfalt und Entwicklungsgrad stellen sie einen idealen Indikator für den Grad einer Wasserverschmutzung dar. Nebenstehend sind einige bekannte Algenfamilien abgebildet; eine Auswahl der wichtigsten Algen wird kurz vorgestellt:

Die **Blaualge** ist für einen Teichbesitzer die unangenehmste Alge, weil sie am schwierigsten zu bekämpfen ist. Blau- oder Schmieralgen bilden schleimige, dunkelgrüne und unangenehm riechende Beläge auf Pflanzen, Technik und Zubehör im Teich. Eigentlich handelt es sich hierbei um keine Alge, sondern vielmehr um Organismen aus der Familie der Cyanobakterien. Mit einem Alter von 3,4 Milliarden Jahren zählen sie zu den ältesten Organismen, die es überhaupt auf der Erde

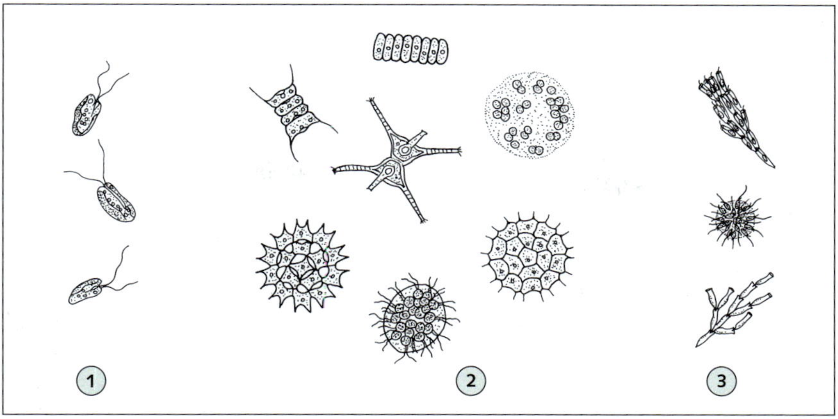

Eine kleine Auswahl aus dem Formenspektrum der Algen:
1) Cryptophyceen; 2) Grünalgen (Chlorophyceen); 3) Goldalgen (Chrysophyceen)

Blaualgen im Teich sind das Unangenehmste, was einem Teichbesitzer passieren kann

gibt. Ihre Vermehrungsrate kann man als rasant bezeichnen, denn innerhalb weniger Tage wird alles überzogen und förmlich erstickt. Gleichzeitig bilden sie auf der Wasseroberfläche einen schimmernden Film, der an Öl auf dem Wasser erinnert. Ihr Auftreten ist an einen besonders hohen Grad der Eutrophierung mit Stickstoff (Nitrat) und Phosphor (Phosphat) gebunden. Wenn diese „Alge" im Teich abstirbt, werden neben den Abbauprodukten gleichzeitig hochgiftige Verbindungen freigesetzt, die alle Teichlebewesen zusätzlich vergiften. Beim Auftreten von Blaualgen hilft eigentlich nur eine „Radikalkur", also eine Totalreinigung. Es ist aber nicht ratsam, den gesäuberten Teich gleich wieder zu befüllen, ohne vorher dem Grund der Blaualgenplage nachzugehen.

Weit verbreitet sind auch die Schwebealgen der Gattung *Volvox* aus der Gruppe der **Grünalgen**. Durch ihr Auftreten wird das Teichwasser grünlich. Im Extremfall verwandelt sich das Teichwasser in eine „grüne Suppe", in der man weder Fische noch Pflanzen erkennt. Dieses plötzlich auftretende Phänomen wird auch als „Algenblüte" bezeichnet. Mit den ersten Sonnenstrahlen des Frühjahrs und dadurch langsam ansteigenden Wassertemperaturen werden die Schwebealgen mobilisiert. Erheblich gefördert wird der plötzlich auftretende Schwebealgenwuchs durch im Teichwasser gelöste Nährstoffe, die zu diesem frühen Zeitpunkt ausschließlich den Algen zu Verfügung stehen. Die übrigen Wasserpflanzen befinden sich noch in der Vegetationsruhe und haben daher keinen Nährstoffverbrauch. Der Teichbesitzer – immer bestrebt, alles richtig zu machen – lässt daraufhin sein Teichwasser teilweise ab und füllt mit Leitungswasser nach. Doch die Algenblüte in einem Gartenteich verschwindet in den meisten Fällen ebenso so schnell, wie sie gekommen ist. Sobald die Schwebealgen die im Wasser gelösten Nährstoffe aufgebraucht haben, sterben sie ab und sinken dann zu Boden. Nachteilig ist hier allerdings, dass die Mikroorganismen unter hohem Sauerstoffverbrauch die abgestorbenen Schwebealgen zersetzen und in organische Masse umsetzen. Wer seinen Teich aufmerksam beobachtet, sollte zu diesem Zeitpunkt sofort verstärkt Sauerstoff in den Teich einbringen, damit die Zersetzung der Biomasse geregelter und ohne Fäulnisprozesse verläuft.

Zu den Grünalgen gehören auch Algen von fadenförmiger, pelzartiger oder watteähnlicher Gestalt, die nach ihrem Äußeren dann auch als Faden-, Pelz- oder Wattealgen bezeichnet werden. Sie entwickeln sich hauptsächlich an der Wasseroberfläche und vermehren sich dort stark, sofern hohe

Fadenalgen können selbst von Kinderhand mit einem Stöckchen entfernt werden. Auf die Gefahren an einem Teich sollten Sie jedoch aufmerksam machen

Fadenalgen benötigen gute Wasserqualitäten und einen GH-Wert über 10

Wassertemperaturen und gute Wasserqualitäten mit einem Gesamthärtewert über 12 vorliegen. Als chlorophyllhaltige Pflanzen produzieren sie tagsüber große Mengen Sauerstoff, veratmen die selbe Menge aber nachts wieder (siehe Seite 14f.).

Fadenalgen entfernt man am besten von Hand. Hat man erst einmal ein Stück davon erfasst, lässt sich die Alge bequem um einen Stock wickeln und so problemlos aus dem Teich ziehen. Bedenken Sie jedoch dabei, dass die Algen eventuell abbrechen und sich bei unveränderten Wachstumsbedingungen, also hohen Nährstoffwerten des Teichwassers, an den Bruchstellen erneut nachbilden können. Vernachlässigt man die Entfernung der Faden- und Wattealgen aus dem Teich, vermehren sie sich so stark, dass alle Wasserpflanzen einschließlich der Sumpfzonenvegetation mit einem dichten, grünen Gespinst überzogen werden. Derart befallene Pflanzen können kaum noch von dem Algenmantel befreit werden und ersticken häufig darunter.

Unglücklicherweise bleiben auch die für die Sauerstoffproduktion so wichtigen Unterwasserpflanzen von einem derartigen Befall nicht verschont. Besonders feinblättrige Pflanzen, wie Hornblatt (*Ceratophyllum*), **Tausendblatt** (*Myriophyllum*) oder **Wasser-Hahnenfuß** (*Ranunculus aquatilis*) werden gerne davon befallen. Um die übermäßige Ausbreitung zu verhindern, entfernt man am besten die befallen Pflanzen aus dem Teich. Den Unterwasserpflanzen wird gelegentlich eine Algen vernichtende Wirkung nachgesagt. Leider ist dies nicht so. Unterwasserpflanzen können aber Sauerstoff in großen Mengen produzieren, und dieser wird von den Mikroorganismen besonders dann benötigt, wenn absterbende Algen zu Boden sinken und zersetzt werden (siehe Seite 30f.).

Weniger gefährlich unter den Grünalgen sind die **Pelzalgen**. Sie überziehen in einem Gartenteich besonders gerne größere Kieselsteine und anderes „Inventar" mit einem hellgrünen, samtartigen Belag. Ihre Vermehrungsrate ist längst nicht so rasant wie bei den vorausgegangenen Arten. Dennoch wirkt sich ihr Auftreten im Teich negativ aus, denn die pelzüberzogenen Materialien wirken mit dem Absterben

Das Tausendblatt ist eine der wichtigsten Sauerstoff spendenden Unterwasserpflanzen

Der Wasser-Hahnenfuß blüht nicht nur üppig, sondern auch sehr lang

der Algen sehr unansehnlich: Es bleiben hässliche, braun-schwarze Rückstände zurück, die sich auch nur schwer entfernen lassen. Hierzu hilft nur, das verunreinigte Material aus dem Teich zu entnehmen und mit einem Dampfstrahler zu säubern.

Möglichkeiten der Algenbekämpfung

Eigentlich stellen Algen im Gartenteich kein Problem dar, solange sie in normalem Umfang auftreten. Ihre Bekämpfung macht – unabhängig von der angewendeten Methode – auf lange Sicht aber nur Sinn, wenn gleichzeitig die Ursachen für ihr vermehrtes Auftreten abgestellt werden. Der Markt ist voll von Anbietern, die dem Teichbesitzer ein algenfreies Teichwasser versprechen. Neben der Wasserfilterung, die ab Seite 38ff. noch ausführlich behandelt wird, gibt es viele weitere Methoden, die mehr oder weniger erfolgreich sind.

Die Beseitigung oder besser Verminderung von Algen kann mechanisch, chemisch, biologisch, biochemisch, elektronisch, mit Hilfe von UV-Strahlung oder Filterung durchgeführt werden. Die Wirkungsdauer ist dabei sehr unterschiedlich und der Erfolg unter anderem davon abhängig, wie stark die Algenbildung ist, um welche Alge es sich handelt und warum sie auftritt. Häufig hilft auch schon etwas Geduld. Die Schwebealge, die hauptsächlich für das grünliche, trübe Teichwasser verantwortlich ist, verschwindet wieder, sobald die Nährstoffe im Wasser von den Sumpfzonen- und Wasserpflanzen aufgebraucht wurden. Wenn Algen im normalen Rahmen auftreten, dann ist dies auf gute Wasserwerte

15-Punkteplan zur Algenwuchs-Verminderung

1. Einbau eines Zu- und Ablaufs im Teich
2. Großzügige Bepflanzung mit Wasser- und Sumpfpflanzen
3. Einsatz von Unterwasserpflanzen
4. Einsatz von tropischen oder heimischen Schwimmpflanzen
5. Ausgewogenes Verhältnis der unterschiedlichen Wassertiefen
6. Ausreichende Wassertiefe
7. Frischwasserzufuhr bei hohen Temperaturen
8. Ausreichender Sauerstoffgehalt
9. Zufuhr von gefiltertem Regenwasser
10. Keine Düngung im Umfeld des Teiches
11. Regelmäßige Wasseranalysen
12. Einstellung des pH-Wertes auf 7,3 bis 8,3
13. Fischbesatz nur in großen Teichen
14. Wasserfilterung
15. Regelmäßige Algenentfernung von Hand

zurückzuführen, wie pH-Wert, GH-Wert, KH-Wert und den Anteil der im Wasser gelösten Nährstoffe. Im oben stehenden Kasten finden Sie eine Zusammenstellung, wie Sie dem ungehemmten Algenwuchs vorbeugen können.

Algenbeseitigung mit chemischen Mitteln

Grundsätzlich unterscheidet man hierbei zwei verschiedene Methoden. Zum einen töten Chemikalien die Algen direkt ab, wie Kupfersulfat oder Kaliumpermanganat. Zum anderen filtern chemische Substanzen bestimmte Lichtwellenbereiche aus dem Tageslichtspektrum; die lichthungrigen Algen können keine Photosynthese mehr betreiben und sterben ab.

Sollen derartige Chemikalien eingesetzt werden, ist es besonders wichtig, das Wasservolumen des Teiches zu kennen. Unterdosierungen bringen nicht den erwünschten Erfolg und Überdosierungen haben häufig fatale Wirkung auf die Teichlebewesen. In den seltensten Fällen ist bei diesen Produkten die genaue Wirkung auf Flora und Fauna im Teich näher untersucht worden. Empfohlen wird eine Dosierung von 1000 ml pro 10 m^3 Wasser. Schütten Sie den Inhalt nicht direkt aus der Flasche in den Teich, sondern verdünnen Sie ihn vorher in einer Gießkanne mit 10 l Fassungsvermögen. Diese Mischung verteilen Sie anschließend auf der gesamten Teichoberfläche. Anwendungsmodus und Konzentration variieren von Hersteller zu Hersteller, lesen Sie deshalb die Gebrauchsanleitung vorher genauestens durch und folgen Sie den Anweisungen. Die Anwendung derartiger Mittel sollten nicht bei Temperaturen über 30 °C erfolgen. Auch empfiehlt sich die Anwendung nicht bei GH-Werten unter 6. Bringen Sie unterstützend Sauerstoff zum Zeitpunkt der Anwendung ein. Eine weitere Behandlung sollte frühestens nach zwei Wochen erfolgen.

Bei beiden Bekämpfungsmethoden sterben die Algen mal mehr, mal weniger schnell ab und sinken zu Boden, wo die Biomasse allmählich in den

Nährstoffhaushalt (Stickstoffkreislauf) eingebunden wird. Lediglich ein Teil der abgestorbenen Algen treibt nach kurzer Zeit wieder nach oben und schwimmt wie ein „Kuhfladen" auf der Wasseroberfläche. Bei diesem Prozess werden allerdings große Mengen an Sauerstoff verbraucht, und am Teichboden bildet sich rasch eine immer stärker werdende Schlammschicht. Unter Luftabschluss entwickeln sich Faulgase, die für Pflanzen und Tiere vor allem in der Winterzeit gefährlich sind, wenn die Wasserfläche mit einer Eisschicht überzogen ist. Die am Boden liegende Teichschlammschicht führt insbesondere bei kleineren Teichen sehr rasch zu einer Verlandung.

Empfehlenswerter sind Präparate mit Langzeitwirkung gegen Algen, die sich in ihrer Wirkungsweise von anderen Algen reduzierenden Präparaten unterscheiden. Derartige Mittel greifen in den Stoffwechsel der Algen ein, wobei der Photosyntheseprozess an einer bestimmten Stelle unterbrochen wird. Die Algen „verhungern" dadurch und sterben ab. Dieser Vorgang läuft sehr langsam ab, wodurch bedeutend weniger Sauerstoff verbraucht wird als bei anderen Präparaten. Ein weiter Vorteil ist, dass diese Präparatform auch vorbeugend eingesetzt werden kann. Die Anwendungskonzentration liegt bei 50 ml pro 1000 l Teichwasser. Bei richtiger Anwendung üben diese Langzeitpräparate ihre Wirkung ausschließlich auf die Algen im Wasser aus, eine Schädigung der übrigen Teichvegetation ist damit weitgehend ausgeschlossen. Vertrieben werden derartige Produkte von namhaften Firmen der Aquaristikbranche. Man erhält sie in Zoogeschäften, Gartencentern und im Fachhandel.

Abgestorbene Fadenalgen wirken auf der Teichoberfläche wie schwimmende „Kuhfladen"

Da mit dem Einsatz dieser Chemikalien zwar kurzfristig die Symptome, jedoch nicht die Ursachen der Algenbildung abgestellt werden, ist eine erneute Algenbildung bereits vorprogrammiert.

Biologische Algenbeseitigung

Neben den chemischen Algenbekämpfungsmitteln gibt es eine ganze Reihe von biologischen Präparaten, die den Algenwuchs hemmen können. Diese Präparate töten die Algen ab oder verändern die Wasserqualität und damit die Lebensbedingungen für die Algen so, dass sich diese dadurch allmählich zurückziehen. Diese Mittel haben bei richtiger Anwendung in der Regel keine negativen Einflüsse auf das Teichwasser und deren Bewohner. Meist verändern und stabilisieren sie den pH-Wert nachhaltig, wirken aber nur, wenn sie regelmäßig eingesetzt werden. Die biologischen Algenstopper bestehen ausschließlich aus natürlichen Wirkstoffen und sind je nach Produkt unterschiedlich zusammengesetzt. In der Regel besitzen diese Mittel die Form von Dragees, so genannten „Pellets", sind gelegentlich aber auch flüssig, daher sind sie sehr anwenderfreundlich. Die Gefahr einer Überdosierung ist allerdings auch hier gegeben. Biologische Antialgenpräparate bestehen aus Torfarten und weiteren Naturstoffen, wie Eichenrinde, Erlenzapfen, aufbereitetem Wintergerstenstroh oder auch Weintraubentrester. In den Teich eingebracht, setzen diese Naturstoffe Huminsäure, Vitalstoffe, Phenolverbindungen sowie Spurenelemente frei und wirken dadurch algenhemmend. Gleichzeitig werden die natürlichen Regenerationskräfte des Wassers unterstützt. Der Teich erhält sein biologisches Gleichgewicht zurück und der so wichtige pH-Wert wird ausgeglichen und stabilisiert. Unter diesen biologischen Präparaten befinden sich auch solche, die mit Bakterien versetzt sind. Diese Bakterien haben die Aufgabe, die auf den Teichboden abgesunkenen Algen zu zersetzen und unter aeroben Bedingungen in Biomasse zu wandeln.

Säckchen mit pelletiertem Schwarztorf senken den pH-Wert des Teichwassers

Die wohl bekannteste „biologische Bekämpfung" der Algen ist das Einbringen von **Torf**. Neben der Senkung des pH-Wertes werden durch den Torf Huminsäure und Fulvosäuren in das Teichwasser abgegeben. Bei einer Menge von 30 l Weißtorf/m³ Teichwasser erreicht man eine Senkung um 10 bis 15 °dH. Torf sollte man jedoch niemals direkt in den Teich schütten, da dieser total verschmutzen und vorzeitig verlanden würde. Am besten füllt man ihn in feine durchlässige Gewebesäcke und bringt diese so im Teich ein, dass sie später mühelos wieder entfernt werden können.

Einfacher, aber eher in kleineren Teichen wirksam ist die Verwendung von pelletiertem Torf in Gewebesäcken. Diese kann man direkt in den Teich einhängen, wobei ein 2-kg-Netz für etwa 5000 l Wasser ausreicht. Die Wirkungsdauer beträgt etwa zwei Monate, danach kann das verbrauchte Granulat unter die Gartenerde gemischt werden.

Eine ähnliche Wirkung lässt sich über **Eichenholzhäcksel** mit möglichst hohem Rindenanteil erzielen. Das Holz gibt über einige Zeit permanent Gerbstoffe ab, die sich im Teichwasser lösen. Diese Gerbstoffe unterbinden zwar die Algenbildung nicht vollkommen, aber sie verhindern ihre explosionsartige Ausbreitung.

Aus England stammt das Verfahren, **Gerstenstroh** in den Teich einzulegen. Bereits die Menge von 100 g/m^3 Wasser reichen aus. Beim Zersetzungsprozess des Strohs bildet sich Lignin, das das Algenwachstum unterdrückt. Einige Hersteller biologischer Teichpflegepräparate haben sich die positiven Eigenschaften des Gerstenstrohs auch bei ihren Präparaten zu Nutze gemacht. Der Vorteil an diesen Produkten ist, dass es sich um Naturprodukte handelt, die bei richtiger Dosierung keine schädigende Wirkung auf den Teich haben. Die Dosierung und Anwendungshäufigkeit biologischer Mittel ist abhängig von den einzelnen Präparaten und erfolgt nach Gebrauchsanleitung. Entscheidend ist die genaue Kenntnis der Wassermenge im Teich (Bezugsquellen siehe Seite 125).

Aus der Apotheke kann man sich **Tannin** besorgen. Es ist ein Naturprodukt, das Rotweintrinkern sicherlich bekannter ist als jemandem, der sich mit der Bekämpfung von Algen beschäftigt. Diese Substanz wird dem Wein zur Haltbarmachung zugesetzt. Tannin wird aus gesammelten und zerkleinerten Pflanzengallen (deformiertes Pflanzengewebe, das sich durch den Befall mit bestimmten Insekten an Pflanzentrieben und/oder Blättern bildet) gewonnen, chemisch aufbereitet und als bräunliches Pulver angeboten.

Pro Kubikmeter Teichwasser verwendet man einen Teelöffel Tannin, der zuvor in 10 l Wasser aufgelöst wird. Tannin ist sehr gut wasserlöslich, sollte aber möglichst nicht direkt auf Pflanzenteile gelangen, da die Gerbstoffe die Pflanzen schädigen können. Sollte die Wassertrübung nach einer Woche noch nicht nachgelassen haben, kann der Vorgang in der gleichen Konzentration wiederholt werden. Die Wasserfärbung darf einen leichten Gelbton aufweisen. Bei einem Farbumschlag in Braun ist die Konzentration zu hoch und natürlich schädlich.

„Naturchemische" Algenbekämpfung

Diese Methode der Teichentgiftung gewinnt zunehmend an Bedeutung. Sie basiert auf einem Mineral, dass **Zeolith** genannt wird und schon seit geraumer Zeit in der Teichfiltertechnik erfolgreich eingesetzt wird. „Naturchemisch" mag im ersten Augenblick verwirrend klingen, bezieht sich aber ausschließlich auf den chemischen Prozess, der durch die im Teichwasser gelösten Nährstoffe und dem Mineral Zeolith eingeleitet wird. Zeolith könnte man als das kleinste Klärwerk der Welt bezeichnen. Entdeckt wurde es von dem schwedischen Mineralogen Baron Axel F. Cronstedt im Jahre 1756. Er stellte fest, dass ein bestimmtes Mineral zu brodeln begann, wenn man es lange genug erhitzte. Der Forscher nannte es nach seinem Verhalten zeo (griech.: sieden) und lithos (griech.: Stein), woraus der Name Zeolith entstand. Das hauptsächlich aus Silizium und Aluminium bestehende Gestein beinhaltet noch weitere Inhaltsstoffe. Man kennt etwa 40 verschiedene Mineralienarten, die eine ähnliche Zusammensetzung und somit vergleichbare Eigenschaften von Zeolith besitzen; dabei muss das Gestein min-

Zeolith im Filterkörper sorgt für den Abbau von Ammonium im Teichwasser

destens zu 50 % in Art und Konzentration der Bestandteile wie Zeolith zusammengesetzt sein, damit man es als solches bezeichnen darf. Die speziellen Eigenschaften von Zeolith haben eine besonders positive Wirkung auf Teiche mit überhöhtem Nährstoffangebot. Diese sind:

- stark porös, deshalb eine große Oberfläche
- Unterstützung gewünschter chemischer Prozesse
- Siebwirkung auf kleinste Bestandteile im Wasser
- stark Wasser anziehend, kann aber auch gut entwässert werden
- kann im Wasser gelöste Ionen absorbieren oder freisetzen

Durch diese Eigenschaften kann Zeolith das für Pflanzen und Tiere giftige Ammonium an sich binden. Auch andere Giftstoffe können aufgenommen und festgehalten werden, allerdings gilt das nicht für Phosphate. Die Absorptionsfähigkeit pro Gramm Zeolithgestein beträgt etwa 20 mg Ammonium und etwa 300 mg Blei. Die benötigte Menge pro Kubikmeter Teichwasser beträgt 2 bis 4 kg.

Einsatzmöglichkeiten von Zeolith im Teich:

- Viele namhafte Teichfilter-Hersteller setzen Zeolith in ihren Filtern ein.
- Im Überspülverfahren wird Zeolith mit Teichwasser benetzt, das aus einem Bachlauf oder Wasserfall abgeleitet wird.
- Zeolithgefüllte Behälter werden mit ungefiltertem Teichwasser durchspült.
- Einsatz in Systemteichen (Fertigbecken mit integriertem Filterteil).
- Verwendung als spezielle Wandverkleidung; besonders interessant für verödete Teiche und Fertigbecken mit kahlen, steilen Wänden (Wandolith®).
- Zeolithgranulat wird lose direkt auf den Teichgrund oder in die Pflanzzonen eingefüllt.
- Das Mineral wird mit speziellen Bakterien beimpft und zur Wasserreinigung oder in Kläranlagen eingesetzt.

Verschmutztes und mit Schadstoffen angereichertes Zeolith kann in einer gesättigten Kochsalzlösung wieder regeneriert werden. Der Prozess dauert 24 Stunden. Nach einem Spülvorgang mit klarem Wasser ist Zeolith erneut einsetzbar (Bezugsquellen siehe Seite 125).

Erwähnenswert ist auch Zeolith als Kombinationspräparat sowohl für den Abbau und die Mineralisierung von Sedimenten als auch für die Beseitigung von Algen in Gartenteichen, Seen und Fließgewässern. Der Trägerstoff ist Zeolith, das in Verbindung mit speziellen Bakterienarten und weiteren organisch-mineralischen Verbindungen unterschiedliche Algenarten beseitigt.

Die Anwendung ist recht einfach, denn es wird lediglich auf die Teichoberfläche aufgestreut. Es werden 100 g Granulat/m^3 Teichwasser benötigt. Vor der Behandlung können größere Algen abgeschöpft werden, lassen Sie dazu keinesfalls das Teichwasser ab. Nach Einstreuen des Kombipräparates kann es zu einer kurzfristigen Verfärbung des Teichwassers kommen, was sich aber nach wenigen Tagen wieder legt. Durch die Teichbehandlung werden im Wasser zunächst größere Mengen von Nährstoffen freigesetzt. Deshalb bringt man zur Nachbehandlung Zeolith in den Teich ein oder lässt das Teichwasser über einen eigens dafür installierten Filter laufen. Auf diese Weise sollen sogar die unerwünschten Phosphorverbindungen – also die maßgeblich an der Algenbildung beteiligten Nährstoffe – eliminiert werden können.

Mineralische Antialgen-Präparate

Antialgenmehl ist ein mineralisches Pulver gegen Fadenalgen, das den pH-Wert des Teichwasser senkt, also absäuert. Das feinkörnige Mineral verankert sich im Gewebe der Fadenalgen und zieht sie mit seinem Gewicht in die lichtarme Zone des Teichgrundes. Hier zersetzen Bakterien die Fadenalgen; die organischen Bestandteile werden wieder in den Kreislauf des Biotops eingefügt. Antialgenmehl sollte nur etappenweise in den Teich eingebracht werden, um ein zu plötzliches Absinken des pH-Wertes zu vermeiden. Bei einem 20 m^2 großen Teich gibt man innerhalb von zwei Wochen 10 kg Antialgenmehl in vier bis fünf Gaben auf die Wasseroberfläche. Das Gesteinsmehl sollte dabei möglichst auf die Fadenalgen aufgebracht werden. Wasserpflanzen, die beim Streuvorgang versehentlich eingestaubt wurden, sprüht man am folgenden Tag mit einem Wasserstrahl vorsichtig ab, ohne dabei das Mittel aus den Algen zu entfernen. Bei Teichen mit Pumpenbetrieb oder Wasserbewegung wird durch den Einsatz von Antialgenmehl leichte Schaumbildung ausgelöst.

Algenbeseitigung mit Hilfe von Schallwellen

Hier handelt es sich um eine rundum umweltfreundliche Lösung, die universell gegen die unterschiedlichsten Algenarten eingesetzt werden kann. Auf die zusätzliche Verwendung von Chemikalien können Sie verzichten. Das Schallwellen erzeugende Gerät wurde für Gartenbaubetriebe entwickelt, die ihre Bewässerung über große Wasserbecken mit einem Rücklaufsystem steuern. Da durch dieses System große Mengen an Nährstoffen in die Becken zurückgeführt werden, ist der Algenwuchs vorprogrammiert. Nun hat man sich die Ultraschalltechnik zu Nutze gemacht und kann diese erfolgreich in Fisch-, Zier- oder Schwimmteichen einsetzen. Das Gerät erzeugt über einen Signalwandler Ultraschallwellen, die die Vakuolen – kleine flüssigkeitsgefüllte „Blasen" in jeder Pflanzenzelle – zerstören, wodurch die Alge sehr rasch abstirbt. Die Schallwellen sind sowohl für Menschen als auch Tiere ungefährlich. Die meisten Algen werden schon innerhalb von 48 Stunden abgetötet und sinken zu Boden.

Faden- und Wattealgen sind etwas widerstandsfähiger; sie werden mit dieser Methode erst nach etwa drei Wochen beseitigt. Wenn immer möglich, sollten die abgestorbenen Algen abgefischt werden, bevor sie auf den Teichboden sinken. Die sehr umweltfreundliche und für das menschliche Ohr nicht wahrnehmbare Technik benötigt keine aufwändige Installation. Dank der äußerst geringen Stromaufnahme von nur 15 W kann sie Tag und Nacht betrieben werden. So wird die Neubildung von Algen von vornherein unterdrückt. Das Gerät gibt es in unterschiedlichen Größen mit den Reichweiten 10, 50 und 100 m.

Algenbeseitigung mit Hilfe von ultraviolettem Licht

In der Abwassertechnik haben sich so genannte „UV-Klärer" schon lange bewährt. Verschiedene Lieferanten aus der Teichtechnikbranche haben diese Erfahrungen aufgegriffen und für den Gartenbereich weiterentwickelt.

Fälschlicherweise wird dieses Gerät auch als „UV-Teichfilter" bezeichnet, was es aber nicht ist. Diese Wasser klärenden Geräte werden Teichfilteranlagen vorgeschaltet und können durch ihre UV-C-Strahlung Algen und Keime abtöten. Durch die intensive Bestrahlung mit ultraviolettem Licht verklumpen die Algen und verfangen sich besser in den mechanischen Reinigungskammern der Teichfilteranlagen. Nachteilig ist bei der UV-Bestrahlung, dass fast alles abgetötet wird, was an dem UV-Strahler vorbei geführt wird, also auch wichtige Kleinlebewesen. Bei einem ständigen Einsatz einer UV-Lampe würde der Teich ganz allmählich in „steriles" Wasser umgewandelt werden, in dem keinerlei Bakterien an Umwandlungsprozessen wie beispielsweise dem Nährstoffkreislauf beteiligt sein könnten. Der Einsatz des UV-Klärers ist vom Verschmutzungsgrad des Teiches abhängig. Zu Beginn sollte der UV-Klärer täglich über mehrere Stunden angeschaltet bleiben. Sobald sich die Wasserqualität sichtbar verbessert hat, kann der Einsatz des Gerätes schrittweise verringert werden.

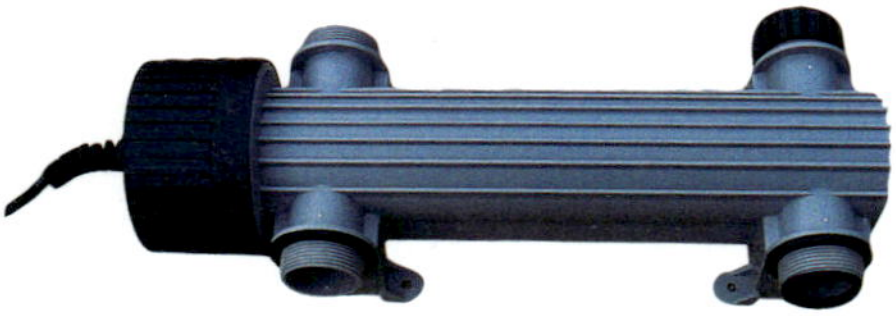

Mit dem UV-Klärer lassen sich wirksam Algen bekämpfen

Auf dem Markt gibt es verschiedene Modelle von UV-Klärern, die sich im Einsatz und vor allem in der Wartung unterscheiden. Man erhält die Geräte in Abhängigkeit von der Teichgröße, und diese wiederum beeinflusst die Leistungsfähigkeit des angeschlossenen Filters und der dazu gehörigen Pumpe. Je höher beim UV-Klärer die Leistungsaufnahme in Watt ist, desto größer muss auch der Filter und die Förderleistung der angeschlossenen Pumpe sein. Die Leistung der auf dem Markt befindlichen UV-Klärer reicht von 9 bis zu 85 W. Man unterscheidet hier zwischen **Niederdruckstrahlern**, deren Leistungsbereich im unteren Wattbereich liegt, und den so genannten **Hochdruckstrahlern** mit höheren Wattzahlen. Das Maximum der Keim-

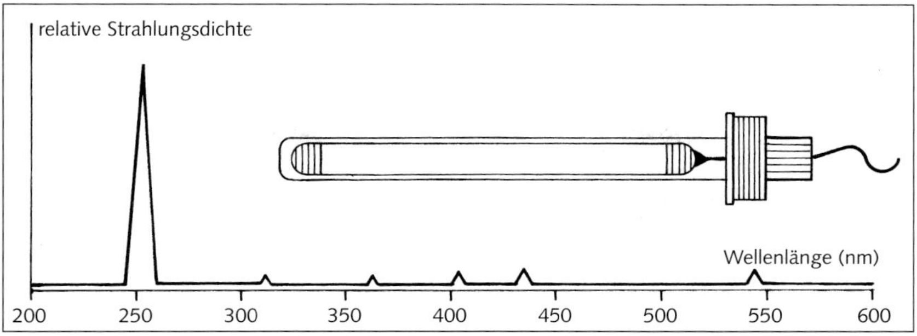

Die Wirkungskurve eines UV-Klärers, der Algen abtötende Lichtwellenbereich liegt bei 254 nm

und Algenabtötung der UV-Lampen liegt im kurzwelligen Bereich bei 253,7 nm.

Hochdrucklampen verwendet man bei großen Teichanlagen oder in Becken, in denen ausschließlich Koikarpfen gehalten werden.

Bei den UV-Klärern der neueren Generation wurde ein so genanntes „Bypass-System" entwickelt. Man hat sehr schnell erkannt, dass der Reinigungsprozess im Filter selbst unbefriedigend ist, wenn ausschließlich „bestrahltes" Wasser mit abgetöteten Keimen und Mikroorganismen in den Teichfilter gelangt. Die Geräte sind also so konstruiert, dass ein Teil des verschmutzten Teichwassers mit dem UV-Strahler in Kontakt kommt und ein Teil unbehandelt daran vorbei fließt. Nur so ist gewährleistet, dass sich Mikroorganismen wie *Nitrobacter* im Inneren des Teichfilters ansiedeln können.

Die eigentliche UV-Lampe ist in einer wasserdicht abgeschotteten Quarzglasröhre untergebracht. Durch die ständige Umspülung mit verschmutztem Teichwasser bildet sich auf der Röhre ein Niederschlag, der die Strahlerleistung stark beeinträchtigt. Diese Quarzglasröhre muss deshalb in regelmäßigen Abständen gereinigt werden. Bei älteren Geräten kann dies ein erheblicher Arbeitsaufwand sein, weil sie dazu zerlegt werden müssen. Neuere Geräte sind einfach zu öffnen oder gleich mit einem eingebauten Reinigungsmechanismus versehen, der von außen zu bedienen ist. Bei einigen Geräten ist eine optische Funktionskontrolle eingebaut, die Rückschlüsse auf Funktion und Verschmutzungsgrad der Röhre erlaubt. Die Lebensdauer der UV-Klärer ist auf etwa 8 000 bis 10 000 Betriebsstunden beschränkt, dies entspricht etwa drei bis vier Einsatzjahren im Gartenteich. Danach lässt die Leistung des UV-Klärers merklich nach und er sollte deshalb ausgetauscht werden.

UV-Teichklärer können Dank ihrer Konstruktion auch ohne nachgeschalteten Filter nur mit einer Teichpumpe betrieben werden. Allerdings gewährleistet erst das Zusammenspiel von Pumpe, UV-Klärer und passendem Filter den besten Reinigungserfolg (siehe auch Seite 45ff.).

Teichwasser filtern

Von einem künstlich angelegten Gartenteich wird der Selbstregulierungs-Mechanismus wie selbstverständlich erwartet, ohne dass man dem Gewässer den nötigen Zeitraum zum Aufbau des biologischen Gleichgewichts gewährt. Außerdem sind derartige Gewässer in aller Regel bedeutend kleiner als natürliche Gewässer, was sie extrem anfällig schon gegen geringste Störungen von außen macht. Die drei Hauptursachen sind Baufehler, mangelnder Pflanzenbewuchs und der Überbesatz mit Fischen (siehe auch Seite 111). Sie führen fast immer dazu, dass der Teich sich niemals aus eigener Kraft selbst regulieren kann. Durch das Filtern des Teichwassers lassen sich die Hauptursachen für schlechte Wasserqualitäten recht gut kompensieren.

Verschiedene Methoden der Teichfilterung

Unterwasserfilter

Sie sind zwar nach wie vor auf dem Markt, werden aber zunehmend von anderen Filtermethoden verdrängt, die zwar aufwändiger, dafür aber bedeutend effektiver sind. Dafür gibt es zwei gute Gründe: Sie wirken fast ausschließlich nur mechanisch und sie sind schwieriger zu warten, denn es bedeutet sehr viel Mühe und Arbeit, einen verschmutzten und glitschigen Filter aus dem Teich zu holen und zu säubern.

Bei dieser Filtermethode wird eine zum Filter passende Teichpumpe im Teich in etwa 35 bis 40 cm Wassertiefe platziert und über einen Schlauch mit dem tiefer liegenden Filter verbunden. Der Filterkörper sollte auf keinen Fall direkt am Boden stehen, weil er dort sofort die Ablagerungen am Teichgrund aufnehmen würde. Um einen guten Filtereffekt mit genügend Zirkulation erzielen, sollte der Filterkörper möglichst weit vom Pumpenausgang entfernt liegen.

Eine Ausnahme stellen die Filterkörper mit integrierter Pumpe dar. Die Pumpe saugt ständig über den Filterkörper verschmutztes Teichwasser an und fördert gefiltertes Wasser über den Ablaufstutzen nach oben. Hier wird am zweckmäßigsten eine Wasserdüse angeschlossen oder ein Ablauf über einen Wasserfall oder Bachlauf ermöglicht. Die Unterwasserfilterung wird im Grunde genommen nur für

Tipp
Die Aufnahme und der Rücklauf des zu filternden Teichwassers sollten räumlich möglichst weit auseinander liegen. Nur so kann der gesamte Teichinhalt gleichmäßig umgewälzt werden. Gleichzeitig wird dadurch eine Oberflächenströmung geschaffen.

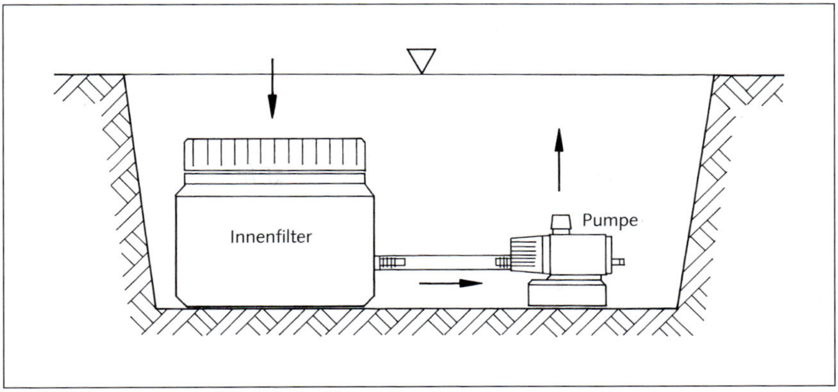

Schematische Darstellung eines Teichinnenfilters

kleinere Teiche mit einem Wasserinhalt von 3 bis 5 m³ angewendet. Allerdings gibt es auch Unterwasserfilter aus zusammensetzbaren Modulen, mit deren Hilfe Teiche mit 15 bis 20 m³ Inhalt gefiltert werden können. Die einzelnen Module verfügen über ein Kanalsystem und gewährleisten einen ständigen Wasserdurchfluss, selbst wenn die Ansaugschlitze der Module weitgehend verschmutzt sind. Das Innenleben der Unterwasserfilter besteht aus groben Schaumgummischwämmen, die sich je nach Verschmutzungsgrad des Teiches mehr oder weniger schnell zusetzen. Sobald dieser Fall eingetreten ist, lässt die Wirkung der Pumpe merklich nach oder sie fördert nur noch verschmutztes Teichwasser zutage. Der Teichfilter beziehungsweise die Module müssen dann aus dem Teich geholt werden. Die Reinigung der Schaumstoffschwämme erfolgt am besten unter fließendem Wasser, wo man sie man so lange durchknetet, bis sie sauber sind. Leider werden dabei sämtliche Mikroorganismen mit ausgespült. Die Lebensdauer der Filterschwämme ist begrenzt, im Allgemeinen halten sie zwei bis drei Jahre. Sobald das Material anfängt brüchig zu werden, sollte man die Schwämme erneuern.

Laufzeit von Teichfiltern
Eine Teichfilteranlage muss 24 Stunden am Tag in Betrieb sein. Nur bei ständiger Wasserbewegung und gleichzeitiger Sauerstoffanreicherung ist gewährleistet, dass die Mikroorganismen im Filter überleben. Bei stehendem Wasser sterben sie ab.

Teichaußenfilter

Teichwasserfilter mit Filteraggregaten außerhalb des Teiches sind am effektivsten, wenn Sie eutrophierte Gewässer wieder klar und sauber bekommen wollen. Auf dem Markt gibt es viele

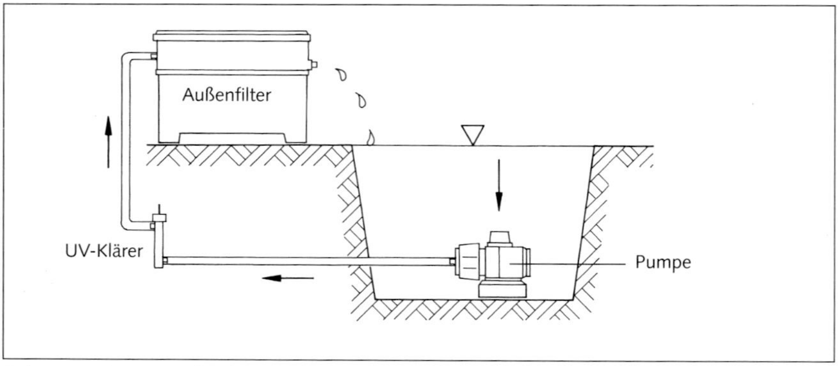

Schematische Darstellung eines pumpengespeisten Teichaußenfilters

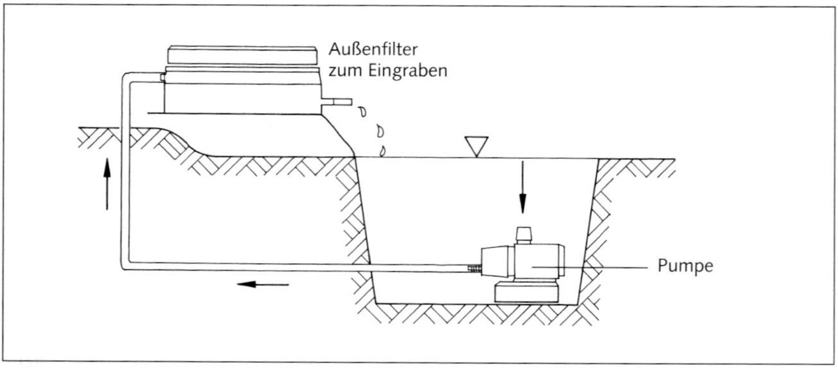

Schematische Darstellung eines Eingrabfilters

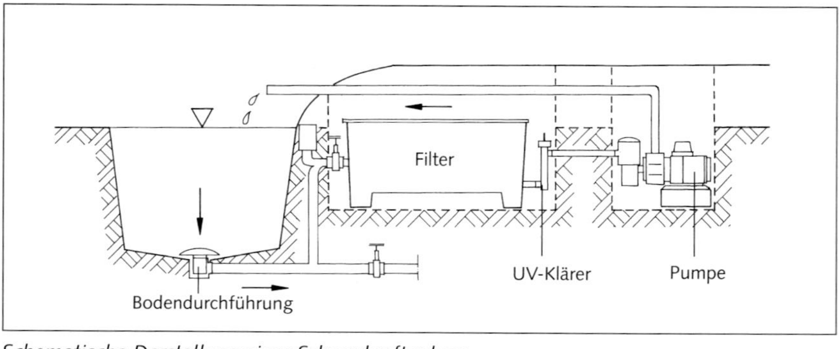

Schematische Darstellung einer Schwerkraftanlage

verschiedene Modelle, die sich in Design und Funktion erheblich unterscheiden:

Pumpengespeister Filter
Dem am Teichrand stehenden Filter wird verschmutztes Teichwasser über eine Pumpe zugeführt, das dann gefiltert wieder in den Teich gespeist wird. Dies ist die übliche Filtertechnik für Gartenteiche.

Eingrabfilter
Diese Filtermethode entspricht der vorhergehenden, allerdings ist der Teichfilter aus optischen Gründen im Boden vergraben. Sie wird vorrangig bei kleineren Teichen eingesetzt. Der Pumpenstandort sollte möglichst über dem Teichrandniveau liegen. Dem Vorteil eines „unsichtbaren" Filters steht die erschwerte Wartung gegenüber.

Schwerkraftanlagen
Diese Methode wird gerne in der Fischzucht angewendet, sie eignet sich nicht für Folienbecken, aber für Kunststoff-Fertigbecken. Die eigentliche Filteranlage ist im Boden versenkt. Auf Grund der Gravitationskraft gelangt das Teichwasser über eine Wanddurchführung in den Filter. Hierfür sollten großzügige Rohrdurchmesser gewählt werden. Durch ein 100-mm-Rohr mit entsprechendem Dränagebett können maximal pro Stunde 6 m^3 Wasser fließen. Hinter dem Filter befindet sich erst die Pumpe, die das Wasser gereinigt wieder in die Teichanlage zurück befördert.

Druckfilteranlagen
Diese Art der Teichfilterung eignet sich für kleinere Anlagen mit einem Wasserinhalt bis etwa 18 m^3. Hier wird

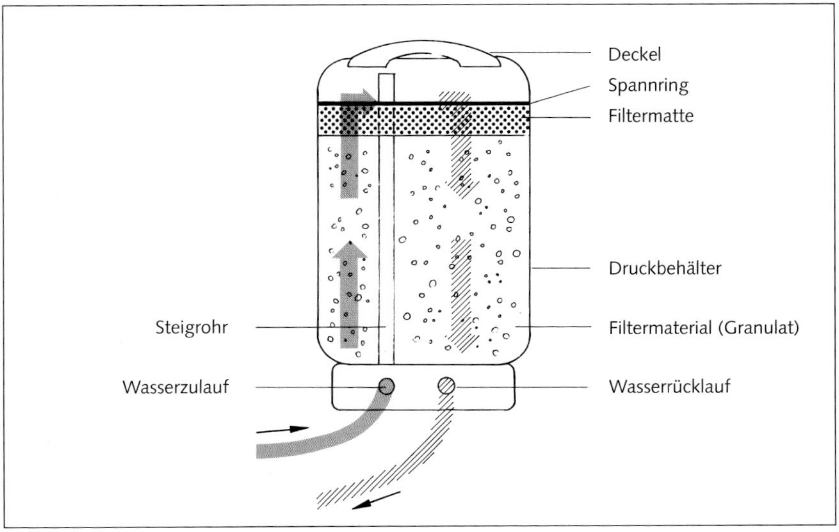

Schematische Darstellung eines Druckfilters

verschmutztes Teichwasser mit einem maximalen Betriebsdruck von 6 bar über ein Schwammsystem in einen mit Spannbändern verschlossenen Behälter gedrückt und über ein Filtergranulat gereinigt. Dieser abgeschlossene Behälter kann auch als Unterwasserfilter eingesetzt werden.

Abschäumgeräte

Aus der Aquaristik übernommen wurde ein Gerät, dessen Filtertechnik sich von anderen wesentlich unterscheidet. Diese Filtertechnik wird auch als Abschäumen bezeichnet.

Durch den Eintrag großer Luftmengen über eine patentierte Düse in das Filtergehäuse wird ein Wasser-Luft-Gemisch erzeugt. Dabei wird Biomasse an Luftbläschen gebunden. Diese Luftbläschen verdichten sich zu einem Schaumteppich, dessen Höhe vom Verschmutzungsgrad des Wassers abhängt. Über eine Regelung stellt man den Wasserstand des Abschäumgerätes ein, bis der Schaumteppich gerade das Röhrensystem erreicht hat. Die oberste Schicht des Schaumteppichs mit den größten Verunreinigungen steigt als Bläschen in einem Röhrchensystem hoch und zerplatzt dort. Hierbei werden die Schmutzteile freigesetzt, die dann das Abschaumgerät über einen speziellen Ablauf verlassen. Maßgeblich für die optimale Funktion ist die richtige Einstellung der Regulierung. Das abgeschäumte Volumen (Schmutzkonzentrat) sollte 1 bis 2 l/h betragen.

Als zusätzliche Maßnahme kann diesem Filtersystem ein **Tauchwalzenfilter** nachgeschaltet werden. Die Funktion des Tauchwalzenfilters ist relativ einfach: Mit Sauerstoff angerei-

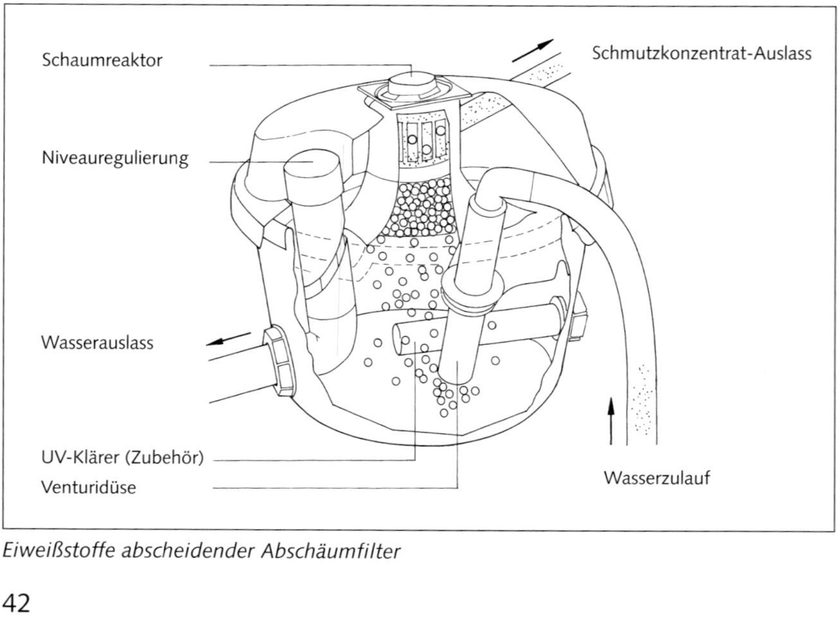

Eiweißstoffe abscheidender Abschäumfilter

chertes Wasser aus dem Abschäumgerät trifft einseitig auf die Schaumstoffwalze. Diese nimmt das Wasser wie ein Schwamm auf und setzt sich dadurch in Bewegung. Die Bakterien, die in dem Schaumstoffträger leben, nehmen die organischen Wasserinhaltsstoffe auf und verarbeiten diese. Beim Weiterdrehen der Walze fließt das Wasser heraus und Luft dringt in das offenporige Schaumstoffmaterial. Hierdurch bekommen die Bakterien den notwendigen Sauerstoff direkt aus der Luft. Das stetige Wechselspiel von Wässern und Belüften ist sehr effektiv.

Die Teichaußenfilter werden im Fachhandel in unterschiedlichen Größen zu entsprechenden Teichvolumina angeboten. Der Käufer einer Filteranlage sollte sich an den Angaben des Herstellers orientieren, da diese Größenangaben auf Erfahrungswerten basieren.

Nicht ganz so einfach ist das mit der **Pumpe**, die zum Betreiben der Filteranlage gehört, denn diese muss individuell an die Teichgröße angepasst werden. Die Berechnung der erforderlichen Pumpenleistung ist mit Hilfe einer Formel möglich, wobei Ihnen allerdings der genaue Teichinhalt bekannt sein muss.

Man geht davon aus, dass der Teichinhalt innerhalb eines Tages fünf Mal umgewälzt werden sollte. Multipliziert man den Teichinhalt mit 5, erhält man eine Literzahl, die man durch 24 (1 Tag) dividiert. Die so erhaltene Litermenge entspricht der Leistung pro Stunde, die die Teichpumpe erbringen muss. In dem Kasten auf Seite 44 veranschaulicht ein Beispiel die Berechnung.

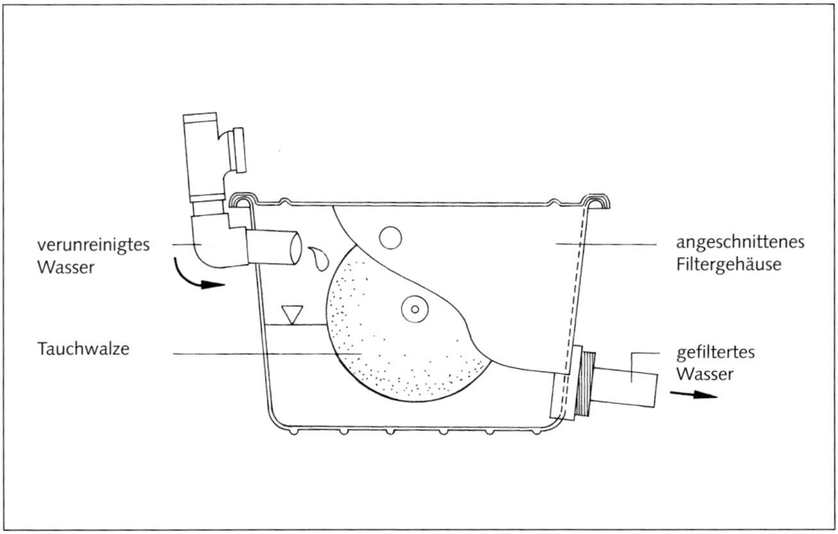

Schematische Darstellung eines Tauchwalzenfilters

Beispiel
Ein Teich beinhaltet 12 000 l Wasser.
12 000 × 5-fache Umwälzung
innerhalb eines Tages = 60 000 l
Ermittlung der erforderlichen
Pumpenleistung:
geteilt durch 24 Stunden = 2 500 l/h

Die richtige Pumpenleistung ist für die Filteranlage sehr wichtig. Ist sie zu gering, wird die Filterleistung nicht erbracht. Läuft sie hingegen zu stark, werden große Mengen an Schmutzteilen, die sich im Filter ansammeln sollten, einfach mit durchgespült.

Innerhalb der Teichaußenfilter unterscheidet man folgende Verfahren:

- **Rein mechanische Filter**
- **Mechanisch-biologische Filter**
- **Mechanisch-biologisch-naturchemische Filter**
- **Mechanisch-biologisch-naturchemische Filter mit zusätzlicher UV-Klärung**

Vorreiter solcher Anlagen sind die Koikarpfen-Züchter, die auf beste Wasserqualität angewiesen sind. Die Verwendung für „normale" Gartenteiche scheitert aber an zwei ganz wesentlichen Punkten: Es gibt schönere Dinge im Garten als eine große Filteranlage, und in den seltensten Fällen wird ein Teichbesitzer den finanziellen Aufwand einer guten Koikarpfenbecken-Filteranlage treiben wollen. Die für Gartenteiche entwickelten Filteranlagen sind in aller Regel kleiner, aus weniger hochwertigem Material und kosten deshalb auch weniger. Jede namhafte Teichpumpenfirma hat inzwischen ihr eigenes Filtersystem auf den Markt gebracht, und jedes funktioniert recht gut.

Die rein **mechanischen Filter** bestehen aus ein oder zwei Kammern und sind mit **Bürsten**, Schaumstoffschwämmen oder speziellen **Filtermatten** ausgestattet. Dies ist eine der einfachsten Methoden, da im Filter lediglich gröbere Schmutzteile festgehalten werden, die je nach Verschmutzungsgrad des Teiches regelmäßig aus den Schmutzauffangkästen der Filter entnommen werden müssen. Ein relativ zügiger Wasserdurchlauf ist hierbei erwünscht, er darf jedoch nicht so hoch sein, dass der Filter überläuft.

Bürstenfilter sind ideal für die mechanische Wasserreinigung

Diese Schaumstoffmatten haben mechanische und biologische Filterwirkung zugleich

Mechanisch-biologische Filter bestehen meist aus zwei Kammern. In der ersten erfolgt die mechanische Vorreinigung über Bürsten oder sehr grobe Schwämme. In einer zweiten Kammer befinden sich Filtermedien, auf denen sich Mikroorganismen ansiedeln können. Sie können aus unterschiedlichsten Materialien bestehen. Besonders bewährt hat sich in Säcken abgepacktes Lavagranulat, jedoch auch andere Materialien mit rauer und somit stark vergrößerter Oberfläche. Die hier angesiedelten Bakterien wandeln beispielsweise giftiges Ammonium in Nitrit und später in Nitrat um (siehe Seite 16ff.).

Für Fertigbecken gibt es eine sehr schöne Methode auf mechanisch-biologischer Basis, die Sie auf sehr preiswerte Art selbst bauen können. Fertigbecken verfügen in der Regel über eine so genannte Sumpfzone, die selten breiter als eine Dachrinne ist. Dieser Bereich ist als Sumpf- und Pflanzzone deshalb nicht sonderlich gut geeignet. Allerdings kann sie als Filterzone umgebaut werden, wobei eine zusätzliche Bepflanzung nicht völlig ausgeschlossen ist. Im Baustoffhandel kauft man sich mit Kokosgeflecht ummanteltes Dränagerohr (Durchmesser 8 cm), legt es in diese Rinne und deckt es mit Feinkies ab. Zwischen den beiden Enden kann man ein Verbindungsstück einsetzen, über das eine Pumpe angeschlossen wird. Die auf der ersten Tiefenzone platzierte Pumpe beschickt den umfunktionierten Teichrand ständig mit Teichwasser. Die besten Erfolge erzielt man, wenn das so gefilterte Wasser über einen Bachlauf oder Wasserfall in den Teich rückgeleitet wird (siehe auch Seite 82ff.).

Bei der **mechanisch-biologisch-naturchemischen** Methode werden noch bessere Filterergebnisse erzielt. Diese Filteranlage bestehen aus mindestens drei Kammern, wobei die letzte mit Zeolith gefüllt ist. Zeolith sorgt, wie bereits auf den Seiten 33ff. beschrieben, für eine intensive Wasserentgiftung. Man erhält sehr klares Wasser, das im zudem auch noch weitgehend nährstofffrei ist. Diese Anlagen funktionieren nur, wenn das zu filternde Teichwasser im richtigen Mengenverhältnis von Kammer zu Kammer läuft (siehe Berechnungsformel Seite 44).

Noch recht neu auf dem Markt sind **mechanisch-biologisch-naturchemische Teichfiltereinheiten mit UV-Klärer**, die mit einem „Klarwasserversprechen" des jeweiligen Lieferanten verknüpft sind. Bei einer entsprechenden Teichgröße, einer angepassten Zusammenstellung von Pumpe, UV-Klärer und Außenfilter sowie genauer Beachtung der Installationshinweise garantieren die Produzenten derartiger

Alles, was durch die 8 mm großen Löcher gelangt, kann mit dieser Pumpe zum Filter transportiert werden

Anlagen absolut klares Teichwasser. Diese Garantie ist mit der Registrierung des Teichbesitzers verbunden.

Die Wirkungsweise einer solchen Filteranlage unterscheidet sich in einigen Punkten von der herkömmlichen Filterung: Die Pumpen besitzen eine Ummantelung mit 8 mm großen Öffnungen. Sie sind so konzipiert, dass alle durch diese Öffnungen gelangenden Teile von der Pumpe mühelos weiter transportiert werden können. Die Leistungen dieser Pumpen liegen bedeutend höher als für Teichpumpen, die sonst für Filter eingesetzt werden. Ihre Leistungen liegen zwischen 3 300 und 10 000 l/h. Durch diese hohe Leistungsfähigkeit wird das Teichwasser in der ersten Filterkammer stark verwirbelt und dadurch mit Sauerstoff angereichert. Zuvor wird durch ein Bypasssystem ein Teil des Wassers vom UV-Klärer bestrahlt. Das ist besonders wichtig, da zum einen nicht abgetötete Mikroorganismen in den Teich zurück gelangen, zum anderen eine Resistenz der Algen gegenüber dem UV-Licht ausgeschlossen werden kann.

In dem eingebauten Filterkorb mit Filterschwämmen oder Filtermatten findet zunächst eine mechanische Reinigung des Teichwassers statt (Entfernung von Laub, Pflanzenteilen, Schlamm). In den Schwämmen findet durch Sauerstoff liebende Bakterien die Umwandlung von Ammoniak und Ammonium in Nitrit statt. Nun muss das gesamte Teichwasser konstruktionsbedingt die Filterschwämme passieren. Im unteren Bereich des Filters befindet sich mit Bakterienkolonien

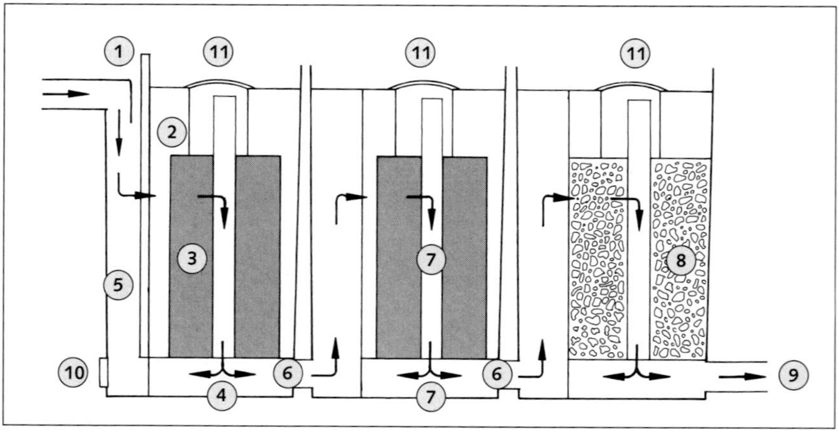

Aufbau eines Teichfilters mit einem mechanisch-biologisch-chemischen Reinigungsprinzip 1) Filter-Einlaufstutzen; 2) Filterkorb mit groben Filterschwämmen; 3) Filterschwämme 4) „Biokugeln" unter den Filterschwämmen; 5) Verschmutzungsgradanzeiger; 6) Verbindungselement zu nächsten Filterkammer; 7) Mittlere Filterkammer mit feinporigen Filterschwämmen; 8) Filterkammer mit Zeolith; 9) Auslauf; 10) Verschlusskappen für die Filterreinigung; 11) Filterdeckel mit Griffmulden und Filterüberlauf

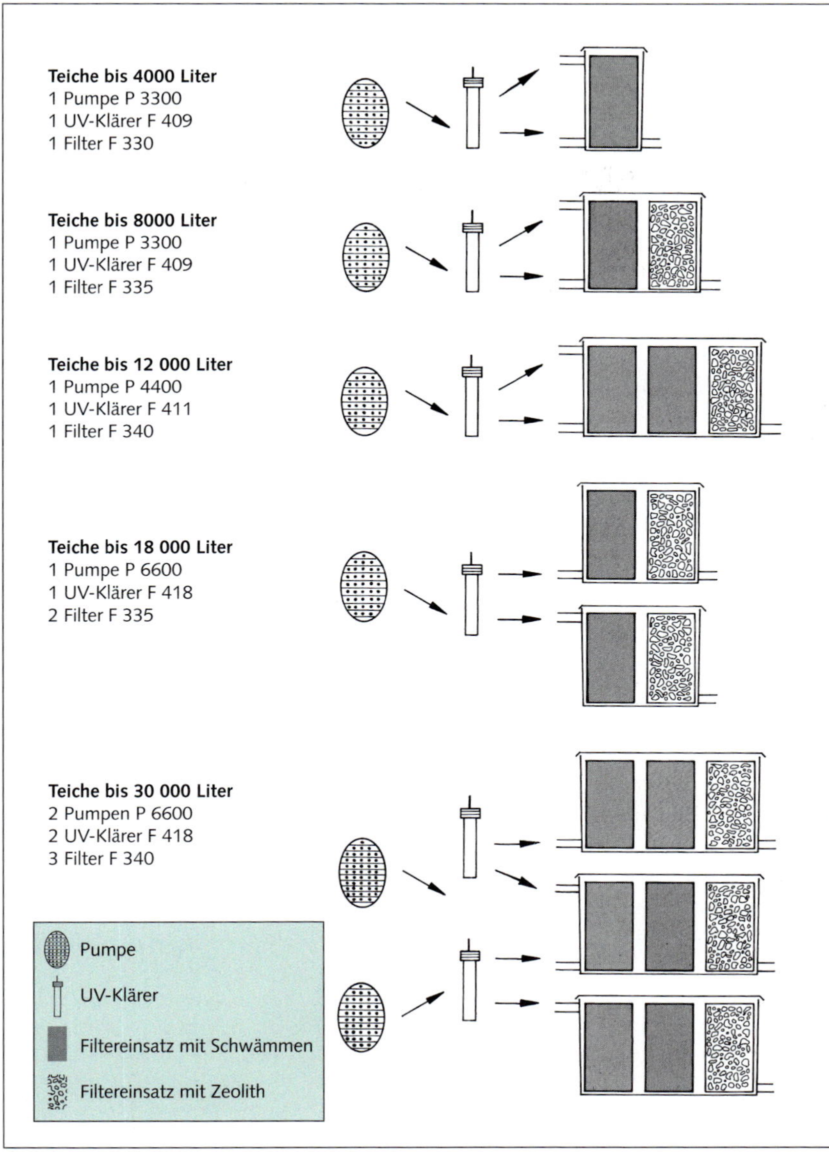

Kombinationsmöglichkeiten eines Baukasten-Teichfiltersystems mit UV-Klärer für verschiedene Teichgrößen

angereichertes Material, wo Nitrit in Nitrat umgewandelt wird. In einem weiteren Schritt wandeln anaerobe Bakterien Nitrat in Stickstoff um, wobei überschüssiges Nitrat als gasförmiger Stickstoff in die Atmosphäre entweicht (siehe Seite 16ff.). In der letzten Behandlungsstufe werden noch Restmengen an zuvor nicht umgewandeltem Ammonium und Ammoniak durch Zeolith gebunden. Die einzelnen Filterelemente sind mit Verbindungskanälen versehen, über die das eingeströmte Teichwasser in die nächste Kammer gelangt, aber auch weitere Filterelemente angeschlossen werden können.

Das gefilterte Teichwasser, das letztlich den Filter verlässt, ist ausgesprochen sauerstoffarm und sollte unbedingt mit Sauerstoff angereichert werden. Platzieren Sie deshalb den Filter so, dass das gereinigte Wasser über einen Bachlauf oder Wasserfall wieder in den Teich zurücklaufen kann.

Die einzelnen Filterkammern sind in der Regel mit einer Verschmutzungsgrad-Anzeige ausgestattet, die ähnlich wie ein Wasserstandsanzeiger bei der Hydrokultur funktioniert. Wenn die Anzeiger im roten Bereich stehen, sollten Sie den Filter öffnen und reinigen. Weitere Zeichen starker Verschmutzung: Wenn ein Teichfilter anfängt überzulaufen, oder wenn verschmutztes Wasser in den Teich zurückgespült wird. Das Öffnen geht in den meisten Fällen relativ einfach, denken Sie jedoch an den austretenden Schmutz. Ein übertriebener „Reinlichkeitsfimmel" ist bei einem Teichfilter allerdings eher nachteilig, denn bei jedem Reinigungsvorgang gehen große Mengen der so wichtigen Mikroorganismen verloren. Um den gereinigten Filter möglichst rasch wieder auf „Touren" zu bringen, fängt man etwas Filterrückstand auf und gießt ihn als „Impfung" über die gereinigten Filterschwämme. Der Filter wird so sehr rasch wieder aktiv.

Die Hersteller der soeben beschrieben Teichfilteranlagen geben die Leistung der Pumpe, die Leistungsaufnahme der UV-Lampe sowie die Größe des Filters bezogen auf den Teichinhalt genau vor. Außerdem orientiert man sich an dem Verschmutzungsgrad des Teiches sowie dessen Besatz mit Zierfischen. Die nebenstehende Grafik vermittelt anschaulich geeignete Kombinationsmöglichkeiten zur Einheit Pumpe, UV-Klärer und Filter eines Herstellers, bezogen auf unterschiedliche Teichgrößen. Die eigentliche Filterleistung reduziert sich rein rechnerisch auf jeweils die Hälfte des Teichinhalts, sobald dieser mit Fischen besetzt ist.

Teichfilterung mit Systemteichen

Als Systemteiche bezeichnet man Fertigbecken, bei denen ein Teil so konzipiert ist, dass er mit Filtermaterial bestückt werden kann (siehe auch Seite 34). In diese Beckenvertiefungen am Teichrand werden in Säcken abgepacktes Lavagranulat und mit Bakterien angereichertes Zeolith gefüllt und mit einer durchlöcherten Platte abgedeckt. Die Abdeckung schirmt die direkten Sonnenstrahlen ab und kann aus optischen Gründen mit Zierkieseln belegt werden. Eine eingebaute Teichpumpe saugt aus dem Becken das

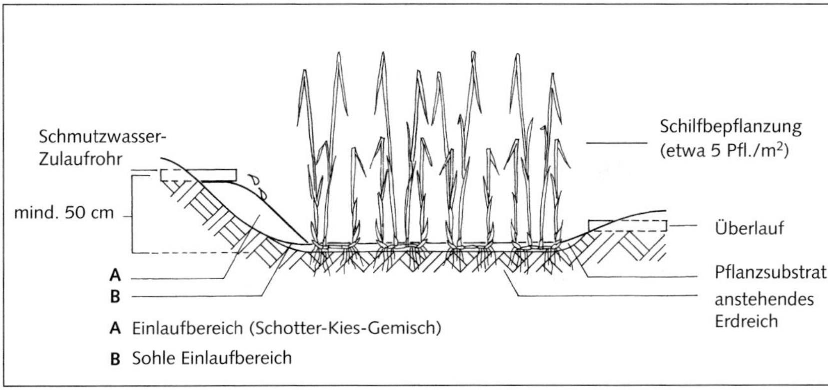

Schematische Darstellung einer Pflanzenfilteranlage

Teichwasser an und spült dieses direkt in den Filter. Das so gefilterte Teichwasser gelangt über einen Kreislauf in das Hauptbecken zurück.

Für Teichbesitzer mit viel Platz im Garten könnte der Systemteich auch so angelegt werden, dass das Wasser aus einem zweiten Teich in den Systemteich mit seiner Filterwirkung eingeleitet wird. Wird ein derartiger Teich auch noch mit Nährstoff zehrenden Pflanzen wie Schilfarten, Rohrkolben oder Binsen bestückt, ergibt sich eine Kombination aus Filter und Teichbecken.

Pflanzenklärbecken

Wer ausreichend Platz zur Verfügung hat, der kann den Einbau eines Pflanzenklärbeckens in Erwägung ziehen. Man unterscheidet zwei unterschiedlich funktionierende Methoden:

- Als Filterschicht wirkt das gesamte Wurzelwerk der Röhrichtpflanzen, die in einem tonhaltigen Substrat wachsen. Das zu filternde Wasser steht dabei in den Pflanzenbecken. Dabei versickert das Wasser allmählich und wird dabei von Schmutz- und Nährstoffen befreit.
- Die Pflanzen sind in stufenförmig angeordneten Becken in eine Sand-Kies-Packung eingesetzt. Das zu filternde Wasser durchströmt die Anlage wesentlich schneller, wobei hier ebenfalls die Pflanzen für einen starken Nährstoffentzug des Wassers sorgen.

Nährstoffabbau durch Schwimmpflanzen

Gut geführte Fachgeschäfte bieten zwischen Mai und Juni Schwimmpflanzen an, die einfach auf die Wasseroberfläche gelegt werden. Bei warmer Witterung und entsprechend hohen Wassertemperaturen wachsen auch die aus wärmeren Gefilden stammenden Pflanzen in unseren Breitengraden üppig. Sie stellen allerdings bei

Der Gewöhnliche Schwimmfarn nimmt mit seinen Wurzeln große Mengen Nährstoffe aus dem Wasser auf

Der Froschbiss ist einer der hübschesten, winterharten Schwimmpflanzen

Wassertemperaturen unter 10 °C ihr Wachstum ein und sterben bei sinkenden Temperaturen einfach ab. In der Hauptwachstumszeit zeichnen sie sich durch lebhaften Wuchs mit sehr starker Wurzelbildung und teilweise auch durch hohe Vermehrungsraten aus. So werden dem Teichwasser große Mengen an Nährstoffen entzogen und einer „Algenexplosion" vorgebeugt. Die Wurzeln dieser Pflanzen verankern sich nicht im Teichsubstrat, sondern hängen frei im Wasser und ernähren sich ausschließlich über die dort gelösten Nährstoffe. Bei uns einjährig wachsende Schwimmpflanzen können während der kalten Jahreszeit in einem Aquarium überwintert werden. Ein heller Standort mit entsprechender Wassertemperatur ist notwendig. In der Tabelle auf Seite 51 finden Sie eine Auflistung der wichtigsten Arten.

Besonders die verschiedenen Arten der Wasserlinsen sind für Algen ernst zu nehmende Nahrungskonkurrenten. Wenngleich der starke Nährstoffverbrauch dieser Pflanzen sehr vorteilhaft ist, wirkt sich der starke Ausbreitungsdrang nachteilig aus. Bei günstiger Witterung können einige Arten innerhalb kürzester Zeit die Teichoberfläche mit einem dichten Pflanzenteppich überziehen. Hierdurch entziehen sie nicht nur Unterwasserpflanzen das Licht, sondern ersticken bald alles Leben im Teich, denn sie verhindern den Gasaustausch zwischen Wasser und Luft. Gleichzeitig hemmt dieser Pflanzenteppich die Wassererwärmung, was zwar erfreulicherweise die

Der Große Algenfarn vermehrt sich bei hohen Wassertemperaturen sehr rasch

Schwimmpflanzen für den Gartenteich

Botanischer Name	Deutscher Name	Bemerkung
Azolla filiculoides	Großer Algenfarn	nicht winterhart
Eichhornia crassipes	Wasserhyazinthe	nicht winterhart, blüht nur bei sehr hohen Temperaturen
Hydrocharis morsus-ranae	Europäischer Froschbiss	winterhart
Lemna minor	Kleine Wasserlinse	winterhart, starker Zuwachs
Lemna trisulca	Dreifurchige Wasserlinse	winterhart, mäßiger Wuchs
Salvinia natans	Gewöhnlicher Schwimmfarn	nicht winterhart
Spirodela polyrhiza	Vielwurzelige Teichlinse	sehr starker Wuchs
Stratiotes aloides	Krebsschere, Wasseraloe	winterhart, hoher Platzbedarf
Pistia stratiotes	Wassersalat	nicht winterhart
Trapa natans	Gewöhnliche Wassernuss	bedingt winterhart
Wolffia arrhiza	Wurzellose Zwergwasserlinse	bedingt winterhart

Die Filterwirkung von Teichmuscheln darf man nicht überbewerten, sie überleben ohnehin nur bei guter Wasserqualität

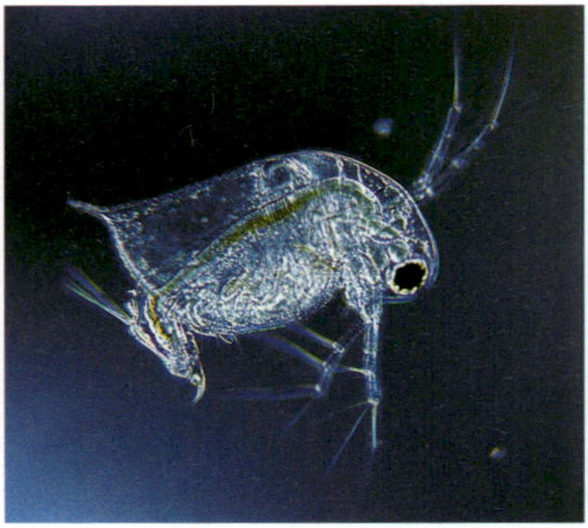

Wasserflöhe überleben im Teich nur, wenn keine oder nur sehr wenige Fische vorhanden sind

Algenentwicklung hemmt, sich aber negativ auf den Wuchs von Seerosen und anderen Wasserpflanzen auswirkt. Man kommt also nicht umhin, sich mehrmals im Jahr um die Beseitigung des grünen Teppichs zu kümmern.

Beeinflussen tierische Wasserbewohner die Wasserqualität?

Um es gleich vorweg zu nehmen: Wunder können Wassertiere bei der Wasserfilterung und Algenbeseitigung nicht vollbringen, aber sie können beides sehr wohl unterstützen. Eine Teichmuschel kann etwa 400 l Wasser täglich filtern. Dies ist eine beträchtliche Menge, allerdings kann man auch nicht einfach unbegrenzt Individuen in einen Teich einbringen. Geeignet sind beispielsweise **Teichmuscheln** (*Anodonta* spec.) sowie **Flussmuscheln** (*Unio* spec.). Von Muscheln sieht man im Teich relativ wenig, denn sie bewegen sich nur mit ihrem gelblichen, ausstülpbaren Fuß langsam auf dem Untergrund des Teiches und stecken teilweise flach im Sand oder Teichschlamm. Nur die obere Hälfte der Muschel ragt dann in das freie Wasser. An dieser Stelle befinden sich auch die kiemenähnlichen Atmungsorgane, mit denen sie dem Teich Sauerstoff entziehen. Über einen Reusenapparat werden kleine Partikel wie Plankton und Schwebealgen herausgefiltert und der Mundöffnung zugeführt.

Es macht wenig Sinn, Teichmuscheln in so genannte Problemteiche einzusetzen, um hierdurch die Wasserqualität entscheidend zu verbessern. Alle Muschelarten haben nur bei einer sehr guten Wasserqualität und einem hohen Sauerstoffangebot eine Überlebenschance und sollten also „vorbeugend" in den Teich eingebracht werden. Sterben die Muscheln ab, können sie das Teichwasser durch Abbauprodukte des Verwesungsprozesses vergiften und andere Teichbewohner schädigen.

Teich- und Flussmuscheln dienen als „Kindergarten" für den Bitterling (*Rhodeus sericeus amarus*), der den Muscheln die Aufzucht seiner Brut überlässt. Die Muscheln wiederum sind auf andere Fische für die Aufzucht ihrer Nachkommen angewiesen, die meist während der frühen Entwicklungsstadien auf der Haut oder in den Kiemen leben.

Im warmen Wasser lassen sich häufig mit bloßem Auge große Kolonien von Wasserflöhen ausmachen. **Wasserflöhe** (*Daphnia* spec.) gehören zu den Krebstieren und sind nur etwa 1 mm groß. Sie bewegen sich ruckartig im Wasser, wobei sich die zwei gefiederten „Antennen" seitlich am Kopf rhythmisch nach oben und unten bewegen. So sind die Wasserflöhe auf der ständiger Jagd nach Bakterien und Schwebealgen, die ihnen als Nahrung dienen.

Etwas größer ist der **Hüpferling** (*Cyclops* spec.) mit seiner zahlreichen Verwandtschaft. Seinen Namen verdankt er seiner hüpfenden Fortbewegungsmethode im Wasser. Auch er ernährt sich von Bakterien und Schwebealgen. Diese Kleinlebewesen können ganz wesentlich zur Klärung von trüben Teichwasser beitragen. Todfeinde der nützlichen Tierchen sind Fische im Teich, für die sie die Hauptnahrung darstellen. Es gilt also: entweder Wasserflöhe oder Fische!

Teichwasser reinigen und aufbereiten

Über den Sinn oder den Unsinn der Teichreinigung kann man sich streiten. Vielen Teichbesitzern bereitet die massive Algenblüte große Probleme. Viele Leute glauben fälschlicherweise, mit einem Wasserwechsel das Problem der Wassertrübung beseitigen zu können. Doch eher das Gegenteil tritt ein: Schon wenige Tage nach dem Wasseraustausch ist die gleiche Trübung unvermindert wieder da. Dies liegt einfach daran, dass der Teich sich nicht in seinem biologischen Gleichgewicht befindet. Bei neu angelegten Teichen ist dies lediglich eine Frage der Zeit. Ein baulich richtig geplanter Teich mit ausreichender Bepflanzung stabilisiert sich innerhalb von etwa sechs Monaten, wobei der Zeitpunkt der Anlage auch noch eine Rolle spielt. Wird ein Teich beispielsweise im Sommer gebaut, etablieren sich die eingesetzten Wasserpflanzen noch bis zum Herbst, so dass sich im kommenden Frühjahr das biologische Gleichgewicht weitgehend eingependelt hat.

Etwas anders verhält es sich mit älteren sowie falsch gebauten und bepflanzten Teichen, bei denen eine gelegentliche „Generalreinigung" durchaus angebracht sein kann.

Algen im Teich können zu einer regelrechten Plage werden

Vorbereitung der Gartenteichreinigung

Sobald Sie sich dazu entscheiden, sollten Sie diesen Schritt gut vorbereiten: So müssen sie gegebenenfalls zwischenzeitlich ein Quartier für Ihre Fische finden. Keineswegs dürfen diese einfach gefangen und dann in einem Eimer mit kaltem Leitungswasser untergebracht werden. Nur ein kleiner Teil würde das überleben. Auch die Wasserpflanzen kann man auch nicht einfach irgendwo abstellen, sie müssen während des Eingriffs ordnungsgemäß untergebracht werden. Am schädlichsten ist eine Teichreinigung jedoch für alle Wasserlebewesen wie Libellen, Wasserinsekten oder Amphibien sowie für die sich im Wasser befindlichen Mikroorganismen.

Daher ist es ganz besonders wichtig, für diese einschneidende Maßnahme den richtigen Termin zu wählen, wobei der Zeitplan dafür recht eng ist. Im Frühjahr beginnt das Leben im und am Teich wieder zu erwachen, deshalb ist eine Störung zu diesem Zeitpunkt ungünstig. Der Sommer ist die Zeit, in dem man seinen Teich genießen möchte, weil alles wächst und blüht.

Tipp
Selbst gesammelte Steine von Feldern und Äckern können sehr stark mit Nähr- und Schadstoffen belastet sein, die sich in den Poren der Steine abgelagert haben (Düngerreste, Jauche, Spritzmittel). Reinigen Sie sie deshalb sehr gründlich, bevor Sie die Steine in oder an den Teich legen.

Im Herbst geht der Teich bereits in eine Art Winterschlaf über, die Teichfauna und -flora beginnen sich zurück zuziehen. Wenn der Teich unbedingt gereinigt werden muss, sollte man am besten September oder Oktober wählen.

Die richtige Vorgehensweise

Niemals sollte dazu das gesamte Wasser aus dem Teich entfernt werden. Je nach Teichgröße sollten maximal 10 bis 30 % des Wasserinhalts bei dem Reinigungsvorgang entnommen werden. Die Reinigung eines Fertigbeckens mit seinen glatten Steilwänden wird in der Regel bedeutend weniger Probleme bereiten als ein fachgerecht geplanter Folienteich, der mit einer Flachwasserzone beginnt. Anhaftende Algen und Schmutzteile auf den glatten Wänden der Fertigbecken aus glasfaserverstärktem Kunststoff (GFK) oder Polyethylen (PE) lassen sich einfach mit einer harten Bürste entfernen. Nicht verwendet werden sollten Putz- oder Reinigungsmittel, da diese nach der Anwendung Rückstände hinterlassen, die sich später die Teichwasserqualität beeinträchtigen.

Wuchernde Teichbepflanzung entfernen

Im breiten Sortiment der Sumpf- und Wasserpflanzen gibt es eine ganze Reihe von Arten, die ein ausgeprägtes Wurzelwerk mit teppichartiger Ausbreitung produzieren. Dies ist besonders stark im Sumpf- und Flachwasserbereich zu beobachten. Zu

Eine stark wachsende Seerose ist nicht so einfach wieder aus einem Teich zu entfernen

diesen Pflanzen zählen zum Beispiel Rohrkolben, Schilfarten und verschiedene Gräser. In deren Wurzelgeflecht bilden sich regelrechte Nester oder Nischen, in denen sich Schwebstoffe ablagern. So können sich dort rasch andere Pflanzen durch Samenflug ansiedeln. In der Natur steht die Teichverlandung am Ende eines natürlichen Sukzessionsprozesses, der aber im begrenzten Lebensraum eines „künstlichen" Teiches eher nicht erwünscht ist. Er führt dazu, dass nach und nach die offene Wasserfläche verschwindet und die Artenvielfalt an Wasser- und Sumpfpflanzen reduziert wird, weil stark wachsende Pflanzen die schwächeren verdrängen.

Abhilfe kann man hier durch behutsames Auslichten der Pflanzen schaffen. Hierzu entfernt man zuerst das am Teichrand liegende Dekorationsmaterial wie Zierkiesel oder Findlinge und entfernt dann behutsam die unerwünschte Pflanzenmasse mitsamt ihrer Wurzeln. Von dieser schweißtreibenden Arbeit kann sicherlich jeder berichten, der einmal die Wurzelmatten von Schilf oder Rohrkolben entfernt hat. Insbesondere bei Folienteichen ist von Werkzeugen jeglicher Art eher abzuraten, reine Muskelkraft ist angesagt. Rutscht man mit einem scharfen Gegenstand wie Hacke, Spaten oder Schere auch nur einmal ab, ist die Abdichtung des Teiches zerstört und muss arbeitsaufwändig wieder repariert werden. Besonders gefährdete Bereiche sind die Schweißnähte von Teichfolien sowie der Teichrand selbst.

Sind die Teichpflanzen erst einmal über den Teichrand hinaus gewachsen, ist fast immer die Kapillarsperre unwirksam, wodurch der Teich große Mengen Wasser verliert. Es ist daher ungemein wichtig, die Funktion der Kapillarsperre nach einer derartigen Aktion zu überprüfen und diese gegebenenfalls durch leichte Anhebung des Teichrandniveaus wieder herzustellen.

Die technische Teichreinigung

Der Laubfall im Herbst sowie absterbende und verrottende Wasserpflanzen führen außer zu Sauerstoffmangel auch zu einer allmählichen Verlandung der Wasseranlage. Es bildet sich eine unerwünschte Schlammschicht am Boden des Teiches, die sich gleich doppelt negativ auswirkt: Einerseits reduziert sich durch die allmähliche Verlandung die Teichgröße und damit die Wassermenge, andererseits bilden sich Faulgase. Diese können während der warmen Jahreszeit über die Wasseroberfläche entweichen und somit wenig Schaden anrichten. Problematisch wird es erst in der kalten Jahreszeit, wenn die Wasseroberfläche mit einer Eisschicht verschlossen ist. Die giftigen Faulgase können dann nicht mehr entweichen und wirken sich schädigend auf alle Teichlebewesen einschließlich den Pflanzen aus.

Teichsauger

Verschiedene Hersteller von Teichtechnik haben kürzlich einen so genannten **Teichsauger** auf den Markt gebracht, mit dessen Hilfe sich Teichschlamm aus dem Teich entfernen lässt. Die Geräte haben rein optisch große Ähnlichkeit mit einem Industriestaubsauger, funktionieren aber anders. Sie haben ein Fassungsvermögen von etwa 30 l Teichschlamm. Beim Einsatz muss sich die beigefügte Saugdüse auch an der Stelle befinden, wo Teichschlamm aufgesaugt werden soll. Hält man die Saugdüse nur in das Teichwasser, zieht der Sauger natürlich nur Wasser an und der Behälter ist schnell damit gefüllt. Der richtige Einsatz eines solchen Gerätes erfordert ein wenig Übung. Häufig verfügen die Geräte über regelbare Saugdüsen, die Schmutzpartikel zwischen 2 bis 10 mm aufnehmen können, also zum Beispiel Laub, Fischkot, kleine Äste und im Wasser schwebende Algen. Der Sauger schafft es allerdings nicht, festgewachsene Algen von Steinen oder anderen Gegenständen zu entfernen. Die Schaltung erfolgt in der Regel über eine integrierte Fernbedienung, die am Handstück des Saugers angebracht ist. Zu einem guten Gerät gehört auch eine vernünftige Entleerungsmöglichkeit. Dies sollte möglichst ventilgesteuert über einen längeren Schlauch erfolgen.

Teichschlamm ist ein wenig erfreulicher Anblick und noch unangenehmer ist sein Geruch. Am zweckmäßigsten leitet man ihn direkt auf den Komposthaufen oder verteilt ihn als Dünger auf freie Gartenflächen.

Leider bringt die Teichreinigung mit diesem technischen Gerät auch eine ganze Reihe von Nachteilen mit sich. Unweigerlich werden kleine Fische, Libellenlarven, Käfer und Amphibien von der Saugwirkung des Gerätes erfasst und gewaltsam in den Auffangbehälter befördert. Wenn nicht schon hierbei geschehen, gehen die amphibisch lebenden Tiere mit der Teichschlammentsorgung zugrunde.

Es muss jeder für sich selbst entscheiden, ob der Einsatz eines Teichsaugers sinnvoll ist oder nicht. Übereifriger Reinlichkeitssinn ist der Teichgesundheit eher abträglich. Sie müssen sich so ein Gerät auch nicht unbedingt selber kaufen, es gibt viele Firmen, bei denen man sie gegen eine Gebühr ausleihen kann (Gartencenter, Firmen des Garten- und Landschaftsbaus).

Teichskimmer

Um der Entwicklung von Teichschlamm und somit einer drohenden Verlandung des Gartenteiches entgegen zu wirken, kann der Teichbesitzer

Staub und Blütenpollen sollte man als Nährstoffeintrag nicht unterschätzen

sich ein Gerät im oder am Teich einbauen, das man **Skimmer** nennt. Über dieses Gerät wird ein Großteil der Schmutzteile abgefischt, die sich auf der Wasseroberfläche befinden. Teichschlamm wird in erster Linie von einfallendem Laub und Nadeln erzeugt. Ein weiterer nicht zu unterschätzender Faktor ist die Ablagerung von Staub und Pflanzenpollen. Der Zeitraum des Pollenflugs sowie dessen Intensität wird stark von der Witterung beeinflusst. Jeder Teichbesitzer hat sicherlich schon die immer wieder aufs Neue erscheinenden Schleier beobachtet, die die Wasseroberfläche mit einem schwefelgelben bis grünlichen Film überziehen. Wind- und Wasserbewegung treiben diesen Belag meist in eine Ecke des Teiches, wo er dann nach einer gewissen Zeit auf den Teichgrund absinkt. Eine Entfernung mit einem Kescher ist schwierig, da die Maschen bedeutend gröber sind als die Korngröße von Pflanzenpollen oder Staub.

Ein Skimmer zieht alle auf der Wasseroberfläche befindlichen Schmutzteile an und führt sie über eine Pumpe einem Teichfilter zu. Man unterscheidet verschiedene Modelle:

Bei einem Gerätetyp besteht der Skimmer aus einem Zylinder mit einem Standkorb am unteren Ende, der sich mit Steinen gegen Auftrieb beschweren lässt. Achten Sie unbedingt auf einen festen Standort. Der obere Teil besteht aus einem leicht nach innen

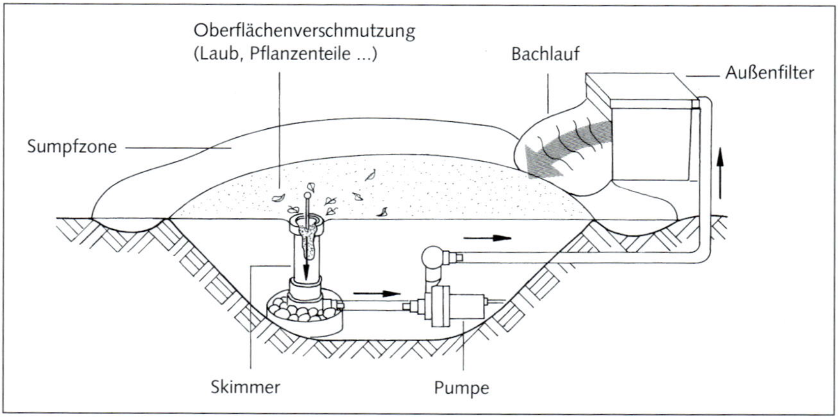

Funktion eines Teichskimmers mit Pumpe und Rücklauf über einen Filter

gewölbten „Teller", der sich selbstständig auf die Höhe des Wasserniveaus einstellt. Dieser Selbstregulierungmechanismus funktioniert innerhalb eines Bereiches von 12 cm Wasserstandsschwankung und muss bei der Installation berücksichtigt werden. Im Zylinder selbst befindet sich ein herausnehmbarer Korb für die Entnahme größerer Schmutzmengen. Durch die Saugwirkung der Pumpe wird über den „Teller" alles angezogen, was auf der Wasseroberfläche schwimmt. Die dazu benötigte Teichpumpe sollte eine Leistung von 50 bis 250 l/min haben. Da diese Pumpe zwangsläufig auch Schmutz fördern muss, sollte die Pumpe Schmutzpartikel bis einer Größe von 8 mm weiterleiten können. Die Schmutzteile gelangen von hier aus in den Filter, wo sie entnommen beziehungsweise von Mikroorganismen zersetzt werden.

Relativ neu ist ein Skimmer, der ebenerdig am Teichrand eingegraben wird. Auch er verfügt über eine

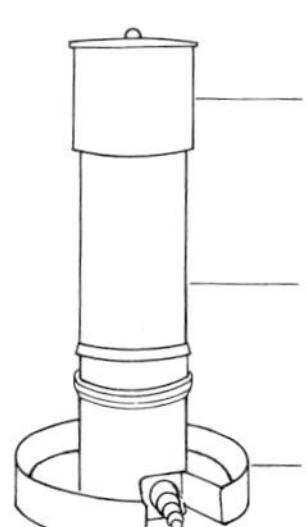

Aufbau eines Skimmers

Schwimmerklappe, die unterschiedliche Wasserstände von bis zu 12 cm selbstständig ausgleichen kann. Unter dieser Klappe befindet sich ein 30 l großer Behälter mit einer eingebauten Spezialpumpe, die das Wasser und kleinere Schmutzteile an einen Außenfilter weiterleitet.

Der Vorteil dieses Gerätes:

- Es ist leichter zu warten und fügt sich unauffällig in das Gartenbild ein.
- Es ist geeignet für eine Pumpenleistung für bis zu 250 l/min und kann für Teiche ab einer Wasseroberfläche von 15 m^2 eingesetzt werden.

Wenngleich beide Skimmertypen für eine permanent saubere Wasseroberfläche sorgen, so verbergen sich aber auch hier wieder zwei Nachteile:

- Es gibt es eine ganze Reihe von Kleintieren wie Wasser- und Teichläufer, die sich auf der Wasseroberfläche befinden. Sie werden durch die Sogwirkung der Pumpe angezogen und enden letztlich im angeschlossenen Filter.
- Aus dem Teich wird ausschließlich reines Oberflächenwasser entnommen. Der maßgebliche Stickstoffkreislauf eines Teiches vollzieht sich aber in einer Wassertiefe von 20 bis 30 cm. Wasser aus diesem Bereich gelangt kaum oder nur sehr spät in den angeschlossenen Filter mit den Bakterien, die die Umwandlung von Ammonium und Ammoniak über Nitrit in Nitrat vollziehen sollen. Die Filterwirkung des zum Skimmer gehörenden Filters wird daher vorwiegend mechanisch sein. Die Zeichnung auf Seite 58 erläutert die Funktionsweise eines Skimmers näher.

Die biologische Teichreinigung

Wie bereits erwähnt, unterliegen besonders künstlich angelegte Gewässer wie Gartenteiche einem natürlichen Alterungsprozess. Durch abgestorbene Pflanzen und Tiere, die sich auf dem Boden ablagern und dort mit der Zeit unvollständig zersetzt werden, bildet sich allmählich eine dicke, organische Schlammschicht. Hierdurch wird die Gewässeroberfläche immer kleiner und der Teich verlandet. Dieser Prozess erfolgt in der Natur sehr viel langsamer als bei einem Zierteich: Der massive Eintrag von Nährstoffen (siehe Abbildung Seite 17) aus Siedlungsgebieten führt zu einem starken Wachstum der Wasserpflanzen, die nach ihrem Absterben eine immer mächtiger werdende Bodenschlammschicht bilden. Der naturnahe Zustand eines Gartenteiches kann also nur erreicht werden, wenn der organische Schlamm regelmäßig reduziert wird.

Neben technischen Methoden kann der Schlamm auch biologisch mit Kulturen unterschiedlicher Bakterienstämme reduziert werden, die jeder Teichbesitzer erwerben und einsetzen kann (Bezugsquellen siehe Seite 125). Durch eine patentierte Aktivierung der Bakterien kommt es zu einer erhöhten Produktion von hydrolytischen Enzymen, wodurch sich die Lösbarkeit organischer Stoffe wesentlich verbessert: Die Enzyme spalten die großen, wasserunlöslichen Moleküle wie Stärke, Eiweiß, Fette und Zellulose in kleinere wasserlösliche Moleküle auf, die dann den Mikroorganismen als Nahrungsquelle dienen. Dadurch kann Faulschlamm reduziert werden. In den ausgewählten Bakterienstämmen sind nitrifizierende und denitrifizierende Arten enthalten. Sie sorgen für eine Senkung der Ammonium-, Nitrit- und Nitratwerte. Hierdurch vermindert sich der unerwünschte Algenwuchs. Gleichzeitig klart das Wasser auf und die Sichttiefe in einem Teich verbessert sich.

Die Vorteile dieser biologischen Behandlung des Teichwassers liegen klar auf der Hand:

- Das Wasser im Teich muss nicht abgelassen werden, wodurch Flora und Fauna des Gewässers nicht gestört oder sogar vernichtet werden.
- Es muss kein Teichschlamm transportiert oder entsorgt werden.
- Das Gewässer behält auch während und nach der Behandlung seine volle Funktionsfähigkeit und seinen Zierwert im Garten.

Für eine Erstbehandlung, die in der warmen Jahreszeit erfolgen sollte, benötigt man 20 ml/m^3 Teichwasser der in Lösung befindlichen Mikroorganismen. Die angegebene Menge des Konzentrats verdünnt man am besten in einer 10-l-Gießkanne und verteilt alles dann auf der Teichoberfläche. Hierdurch ist eine gleichmäßigere Verteilung im Teich gewährleistet. Das Konzentrat muss vor seiner Anwendung gut geschüttelt werden. Man wiederholt diesen Vorgang nach zwei Wochen. Die Weiterbehandlung erfolgt in monatlichen Gaben von 10 ml/m^3. Bei Raumtemperatur sind die Kulturen etwa 18 Monate haltbar. Vor Frost und extrem hohen Temperaturen sind sie zu schützen.

Hilfsstoffe für den Gartenteich

In vielen Gartencentern oder Fachmärkten können Sie Chemikalien zur Wasserverbesserung oder zur Algenbekämpfung erwerben. Zur großen Verwirrung des Teichbesitzers werden diese Produkte meist auch noch unter unterschiedlichen Produktnamen, aber mit gleicher oder zumindest ähnlicher Wirkung angeboten. Diese Produktpalette leidet unter drei ganz wesentlichen Punkten:

- Der Teichbesitzer kauft sich ein Produkt aufgrund des guten Rates eines Bekannten. Die eigentlichen Werte seines Teichwassers sind ihm aber gar nicht bekannt.
- Überlastetes Verkaufspersonal kann dem Kunden nur unzulängliche Antworten geben, da ihm allzu oft Fachwissen fehlt.
- Inzwischen existieren entschieden zu viele Anbieter dieser Produkte. Federführend auf diesem Gebiet sind Aquaristik-Firmen; greifen Sie auf deren Markenprodukte zurück, da sie auf der Basis langjähriger Erfahrung entwickelt wurden.

Alle diese Produkte werden in der Regel unter dem Sammelbegriff „Teichapotheke" angeboten. Die Anwendung der Präparate aus der Teichapotheke ist nicht zwingend notwendig, aber sie überbrückt bei manchen Teichen – vor allem bei solchen mit kleinen Baufehlern – die Startphase, bis sich das biologische Gleichgewicht eingestellt hat.

Neben vielen verschiedenen Einzelprodukten, die eine gezielte Wirkung auf das Teichwasser ausüben, gibt es auch so genannte Kombipräparate, die gleich gegen mehrere Probleme Abhilfe schaffen. Inwieweit derartige Präparate positive oder negative Nebenwirkungen besitzen, ist nicht näher bekannt. Die Veränderung von Wasserwerten scheint aber mit gezielt einsetzbaren Einzelprodukten eher Erfolg versprechend. Ohne auf Markennamen einzugehen, sollen an dieser Stelle die bekanntesten der auf dem Markt befindlichen Produkte mit

Der Gebrauch von Teichhilfsmitteln im Überblick:

- Alle Produkte sind für Pflanzen und Tier ungiftig und unbedenklich, sofern Sie sie richtig und gezielt anwenden.
- Beachten und befolgen Sie bei den Antialgen-Produkten unbedingt die zusätzlichen Warnhinweise.
- Der Anwendungszeitpunkt auf die Tageszeit bezogen spielt keine Rolle, wohl aber die Häufigkeit.
- Verwenden Sie diese Produkte nicht bei starkem Regen wegen der unkontrollierten Verdünnung.
- Lösen Sie alle Produkte generell in einer größeren Wassermenge auf und verteilen Sie sie dann gleichmäßig auf der Teichoberfläche.
- Schütteln Sie die Produkte vor der Anwendung kräftig. Verwenden Sie sie nur bis zum angegebenen Verfallsdatum.
- Lagern Sie die Präparate unbedingt frostfrei.
- Wenden Sie verschiedene Produkte wegen unkontrollierbarer Wechselwirkungen nie gleichzeitig an.

ihren Einsatzbereichen und ihrer Wirkung aufgeführt werden. Die hier angegebenen Anwendungs-Konzentrationen sind Richtwerte. Im Einzelnen sollten Sie vor Anwendung derartiger Produkte die Anwendungshinweise genau durchlesen und befolgen.

Chemische Teichhilfsmittel

Mittel zur Senkung des pH-Wertes

- senken den pH-Wert des Teichwassers direkt,
- fördern dadurch das Wachstum von Sauerstoff spendenden Pflanzen,
- sorgen für eine gute Entwicklung der Mikroorganismen,
- beseitigen kurzfristig zu hohe Ammoniakkonzentrationen,
- werden bei pH-Werten über 8,5 eingesetzt,
- sind unbedenklich für Mensch und Tier, solange sie richtig angewendet werden,
- 1000 ml reichen für 6 m^3 Wasser.

Der pH-Wert sinkt innerhalb eines Tages um etwa einen Punkt. Überdosierungen haben sehr rasche und zu starke Veränderungen zur Folge, was sich fatal auf Teichtiere und Pflanzen auswirkt. Unter anderem funktioniert durch einen zu niedrigen pH-Wert die Nitrifikation nicht mehr. Das Produkt zeigt seine volle Wirkung nach etwa zwei Tagen, erste messbare Ergebnisse aber auch schon nach sechs Stunden. Es dient lediglich zur kurzfristigen Senkung des pH-Wertes.

Mittel zur Anhebung des pH-Wertes

- heben den pH-Wert des Teichwassers an,
- bei pH-Werten unter 5 einsetzbar,
- sind unbedenklich für Mensch und Tier, solange sie richtig angewendet werden,
- 1000 ml reichen für 6 m^3 Wasser.

Bei Überkonzentrationen steigt in eutrophierten Teichen die Konzentration von giftigem Ammoniak rapide an.

Mittel zur Anhebung des Gesamthärte (GH)-Wertes

- sorgen für ein gesundes und stabiles Teichmilieu,
- fördern das Wachstum und die Entwicklung von Sauerstoff produzierenden Pflanzen und beugen einer Versauerung des Teichwassers vor,
- werden bei GH-Werten unter 6 eingesetzt,
- 1000 ml reichen für etwa 6 m^3 Teichwasser,
- Überdosierungen auf GH-Werte über 12 sind nicht gefährlich, wirken sich aber störend auf das biologische Gleichgewicht aus.

Die Produkte wirken bei GH-Werten zwischen 2 und 6 bereits nach wenigen Tagen, bei höheren Ausgangswerten setzt die Wirkung stark verzögert ein. Wenn der Leitwert und somit der Gesamtsalzgehalt des Wassers sehr hoch sein sollte, zeigen die Präparate keine Wirkung. Die Anwendung ist ganzjährig möglich, sollte aber im Frühjahr erfolgen. Die Wirksamkeit wird durch Regenperioden stark beeinträchtigt.

Mittel zu Anhebung des Karbonhärte (KH)-Wertes

- beugen einer Versauerung des Teichwassers vor und beseitigen diese,

- verbessern die Wasserqualität und optimieren das biologische Gleichgewicht im Teich.
- heben den KH-Wert an,
- werden bei KH-Werten unter 7 eingesetzt,
- bei einer Anwendung von 1000 ml auf 6 m^3 Teichwasser verändert sich der KH-Wert um etwa 4 Punkte.

Eine mehrmalige Anwendung während einer Gartenteichsaison ist unbedenklich. Anhebungen des KH-Wertes auf über 12 sind nicht gefährlich, können aber das anfällige Gleichgewicht im Teich angreifen.

Kombipräparate zur Regulierung des Kalk- und Kohlensäuregehaltes

- mineralische Pulvergemische aus Kalziumchlorid, Kalziumkarbonat und Natriumhydrogenkarbonat,
- stellen ein Gleichgewicht zwischen Kalk- und Kohlensäuregehalt des Wassers her, wirken damit regulierend auf den pH-Wert,
- können nicht überdosiert werden, in der Regel reichen 100 g/m^3 Wasser.

Mittel zur Regulierung des Teichwassers

- regulieren und stabilisieren den pH-Wert im Teich,
- fördern gleichzeitig die Entwicklung der Mikroorganismen,
- optimieren dadurch die Wasserqualität und fördern das biologische Gleichgewicht,
- werden bei pH-Werten von 6,5 bis 8,5 eingesetzt,
- ist der pH-Wert $< 6,5$, setzt man zuerst KH-Wert hebende Präparate ein,
- bei pH-Werten $> 8,5$ bringt man eine Woche vor dem geplanten Mitteleinsatz zunächst pH-Wert senkende Mittel ein,
- Anwendungskonzentration liegt bei 1000 ml für 3 m^3 Teichwasser.

Die Wirkung dieser Produkte setzt nach etwa zehn Tagen ein. Überdosierungen haben keinen wesentlichen Einfluss auf die Teichwasserqualität. Eine wiederholte Anwendung während einer Teichsaison ist sinnvoll, insbesondere bei neu angelegten Teichen.

Mittel zur Aufbereitung von Leitungswasser

- können bei einer Neuanlage eines Gartenteiches unmittelbar nach der Befüllung mit Leitungswasser eingesetzt werden,
- entchloren Leitungswasser und fördern so das Wohlbefinden der Teichbewohner,
- sichern Anwachserfolge der Wasserpflanzen,

Entchlortes Frischwasser fördert das Wohlbefinden der meisten Teichbewohner

- neutralisieren eventuell im Wasser vorkommende Schwermetalle,
- hemmen zusätzlich den Algenwuchs durch die Regulierung der Wasserwerte,
- erhöhen Gesamthärte- und Karbonhärte-Werte leicht,
- 1000 ml reichen für etwa 3 m^3, eine Überdosierung ist so gut wie ausgeschlossen,
- die Wirkung hält in etwa drei Wochen an.

Präparate zur Wasseraufbereitung für Fische

Viele Teichbesitzer sind leider der Meinung, dass Fische unbedingt in einen Teich gehören und setzen diese auch sofort ein. Diese Tiere fühlen sich in dem frischen Wasser nicht besonders wohl, weil der Teich sich während der Startphase noch nicht im biologischen Gleichgewicht befindet. Vorbeugend kann man dann Wasser aufbereitende und das Wohlbefinden der Fische fördernde Hilfsmittel einsetzen.

- beugen den häufigsten Fischkrankheiten vor und wirken sich positiv auf das Wohlbefinden der Fische aus,
- schützen durch integriertes Vitamin B die Schleimhaut neu eingesetzter Fische,
- stärken zusätzlich die Abwehrkräfte der Fische gegen pilzliche und bakterielle Erreger,
- 1000 ml reichenfür etwa 3 m^3 Teichwasser,
- können drei bis vier Mal innerhalb der Teichsaison angewendet werden.

Der pH-Wert des Wassers wird durch den Einsatz nicht beeinflusst. Das Produkt zeigt seine volle Wirkung nach drei bis vier Tagen. Die Wirkungsdauer hängt insbesondere von der Witterung ab und lässt sich daher nicht genau definieren.

Präparate gegen Algen

Die Palette der Produktnamen ist bei den meisten Präparaten so eindeutig, dass der Käufer sofort weiß, was er erstanden hat. Man unterscheidet hier zwischen Produkten, die mit Kupfersulfat, anderen chemischen Substanzen oder aber durch ihre Licht brechende Wirkung Erfolge erzielen. Sie werden gegen Faden-, Schwebe- und Schleimalgen eingesetzt. Bei einer geplanten Verwendung solcher Mittel gelten die wichtigen Hinweise, die bereits auf den Seiten 30f. zur Algenbekämpfung mit chemischen Mitteln gegeben wurden.

Sauerstoff freisetzende Mittel

- verbessern die Sauerstoffbindung im Wasser,
- haben regulierende Wirkung auf den Sauerstoffgehalt im Wasser,
- fördern dadurch die Entwicklung der Mikroorganismen,
- beschleunigen den Abbau von Teichschlamm,
- die Dosierung liegt bei 1000 ml für 3 m^3 Wasser.

Die Wirkungsdauer liegt bei etwa zwei Monaten. Eine Überdosierung hat keine negativen Folgen. Die Anwendung sollte insbesondere in den Frühjahrs- und Herbstmonaten erfolgen.

Die Krebsschere kommt nur während der Blütezeit an die Wasseroberfläche, sie benötigt gute Wasserqualitäten

Spurenelemente und Mineralien für Wasserpflanzen

Hier handelt es sich nicht um Düngemittel im herkömmlichen Sinne, durch deren Einsatz der Nährstoffgehalt im Teich schlagartig angehoben würde.

- Die Präparate bestehen aus Mineralien, Spurenelementen und zweiwertigem Eisen.
- können die Karbonhärte leicht erhöhen.
- verhindern Mangelerscheinungen bei Wasserpflanzen und fördern den Blütenansatz
- 1000 ml reichen für 3 m^3 Teichwasser.

Die Wirkung setzt je nach Witterung nach etwa zehn Tagen ein, eine Überdosierung ist so gut wie ausgeschlossen. Eine mehrmalige Anwendung, vor allem bei nicht blühenden Seerosen, ist durchaus anzuraten.

Biologische Teichhilfsmittel

Bakterien-Präparate zur „Teichimpfung"

Seit neuestem kann auch der Hobbygärtner gezielt Bakterienstämme in den Teich einsetzen, die das biologische Gleichgewicht verbessern oder bei einer Teich-Neuanlage rascher einleiten. Man kann sie gefriergetrocknet oder als Lösung kaufen und dem Teichwasser zugeben. Innerhalb von 24 Stunden bilden sich Bakterien, die die organischen Wasserinhaltsstoffe über verschiedene Zwischenstufen in

Einzelbausteine umwandeln und somit das biologische Gleichgewicht im Teich fördern.

Startbakterien für den Teichfilter

Ein neuer Filter kann erst dann richtig funktionieren, wenn er ausreichend mit Mikroorganismen versorgt ist. Will man die vier- bis sechswöchige Wartezeit bis zur vollen Filterleistung überbrücken, kann man den Einsatz spezieller Filterbakterien in Erwägung ziehen. Die Wartezeit wird durch die Zugabe von Filterstartern auf wenige Stunden verkürzt. Diese Bakterien erhält man ebenfalls gefriergetrocknet oder als Konzentrat. Sie werden lediglich im Filter verteilt, und innerhalb weniger Stunden siedeln sich unzählige Bakterien auf den Filtermedien an. Diese Organismen sorgen dann mit Hilfe von Enzymen für die Umwandlung der organischen Stoffe in Nährstoffe für die Wasserpflanzen.

Mittel zur Stechmücken-Bekämpfung

Ab Anfang Juni bilden sich in stehenden Gewässern eine große Anzahl von Mückenlarven, die man als kleine, zappelnde grau-schwarze Stifte wie aufgereiht an der Wasseroberfläche beobachten kann. Aus ihnen entwickeln sich in rascher Folge die ungeliebten Stechmücken, die den Besucher in der Abenddämmerung in Teichnähe „überfallen". Alleine aus diesem Grund werden viele Gartenteiche erst gar nicht gebaut. Meist ist jedoch der Gartenteich zu Unrecht in

Larven der Stechmücken werden von einer ganzen Reihe von Teichbewohnern vertilgt

Misskredit geraten, da die vermeintliche Mückenplage in aller Regel gar nicht so extrem ausfällt. In einem funktionierenden Teich kommen viele Lebewesen vor, die Mückenlarven fressen, beispielsweise Larvenstadien anderer Insekten, Molche oder Frösche. Sollten sich trotzdem einmal größere Bestände von Mückenlarven gebildet haben, können spezielle Präparate zur Bekämpfung eingesetzt werden. Sie enthalten an einen Trägerstoff gebundene Bakterien. Man benötigt lediglich 1,5 ml für 1 m^3 Wasser, um die Quälgeister über Nacht los zu werden. Hierzu verdünnt man die benötigte Menge in einer 10-l-Gießkanne mit Wasser und verteilt alles auf der Gesamtfläche des Gartenteiches. Für andere Teichbewohner und den Menschen selbst ist die Anwendung vollkommen ungefährlich.

Hilfe, mein Teich ist undicht!

Neben der „Algenplage" ist die Vorstellung eines undichten Teiches für den Gartenteichbesitzer die wohl schlimmste Vorstellung überhaupt. Es gibt eigentlich nur wenige Möglichkeiten selbst bei den verbreiteten Folienteichen, durch die eine Undichtigkeit auftreten kann – von einer „mutwilligen" Zerstörung der Teichabdichtung einmal abgesehen:

- wenn ein „badefreudiger" Hund in den Teich springt und seine Krallen die empfindliche Teichfolie aufschlitzen;
- wenn der Besitzer mit ungeeignetem, also scharfem oder spitzem Gerät versucht, Fadenalgen aus seinem Teich zu entfernen;
- wenn übermäßiger Pflanzenwuchs mit Hilfe von Spaten oder scharfen Scheren entfernt wird;
- wenn stark Ausläufer bildende Pflanzen die Teichfolie, insbesondere die Schweißnähte zerstören, wie Schilf (*Phragmites*), Rohrkolben (*Typha*) oder Binsen (*Juncus*). Man muss nun auf diese Pflanzenarten nicht völlig verzichten, sollte sie aber im Auge behalten und ihren Wuchs rechtzeitig eindämmen.

Meistens handelt es sich allerdings um andere Ursachen, die zu einem übermäßigen Wasserverlust im Teich führen:

- wenn die Sonne Verdunstungsverluste erzeugt. Je kleiner ein Teich ist, desto stärker macht sich der Wasserverlust natürlich bemerkbar. Bei einer Teichoberfläche von 10 m^2 kann bei warmem Wetter das Teichniveau täglich um 1 bis 2 cm alleine durch Verdunstung absinken;
- wenn bauliche Fehler bei der Anlage gemacht wurden (siehe unten).

Bei vielen zu steil gebauten Teichen werden gerne so genannte Böschungsmatten oder Pflanztaschen aus Kunststoff, Vliesarten oder Kokosgewebe eingesetzt, mit denen die kahlen Teichwände kaschiert werden sollen. Sicherlich ist das einfacher und vor allem auch preiswerter, als den gesamten Teich noch einmal zu verändern. Entscheidend ist aber der richtige Einbau dieser Teichrandmatten: Sie müssen im Wasser liegen und so mit Steinen befestigt werden, dass sie nicht auftreiben. Die Matten müssen in etwa der Höhe des Wasserspiegels enden und hier mit Steinen (keinesfalls Sand oder Erde) fixiert werden. Sie dürfen niemals am oberen Teichrand im Boden vergraben werden, da sofort eine „Dochtwirkung" einsetzt, die den Gartenteich regelrecht leer saugt. Mehrere Zentimeter Wasserverlust täglich sind die Folge.

Die Kapillarsperre

Unkontrollierter Wasserverlust in einem Gartenteich kann auch auf eine fehlende Kapillarsperre im Teich zurückzuführen sein. Diese in dreierlei

Ein Gartenteich ohne Kapillarsperre verliert rasch viel Wasser

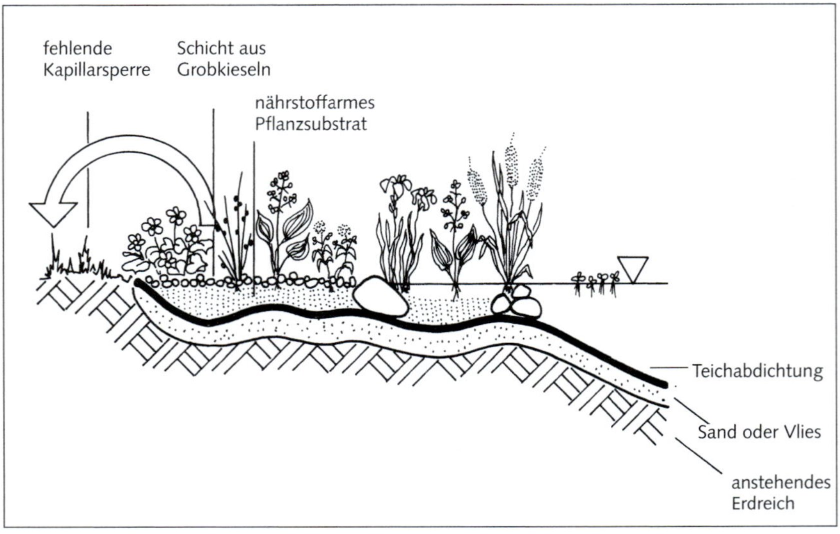

Wasserverlust im Teich durch eine fehlende Kapillarsperre und die Sogwirkung des umgebenden Bodens

Die Kapillarwirkung
Im Boden existiert ein System aus haarfeinen Zwischenräumen, die mit Luft beziehungsweise Wasser gefüllt sind. In diesen Zwischenräumen (Kapillaren) sind die Bindungskräfte zwischen der Wasseroberflächenspannung und den Seitenwänden der Hohlräume größer als der darin herrschende Luftdruck. Dadurch steigt das Wasser wie in einem Schwamm empor.

Hinsicht nützliche Baumaßnahme bei einem Gartenteich wird leider oft nicht mit eingeplant, obwohl sie dem Teichbesitzer viele Sorgen ersparen kann. Eine Kapillarsperre ist nichts anderes als ein Gebilde, das – in Form und Größe einer Dachrinne ähnelnd – als kleiner Graben einmal rings um den Teich herumführt. Diese Rinne wird mit Kies der Körnung 2/6 mm aufgefüllt. Man sollte diesen Kies, den man bei jedem Baustoffhändler kaufen kann, vor dem Einbringen in die Kapillarsperre waschen, um unnötigen Schmutzeintrag in den Teich zu vermeiden. Eine Kapillarsperre kann man unter Umständen auch noch nachträglich einbauen, sofern beim Bau ausreichend Folie am Rand belassen wurde. Leider wird aber in den meisten Fällen die Teichfolie am Rand so kurz abgeschnitten, dass der Rest für die Kapillarsperre nicht mehr ausreicht. Die Folie endet dann als kleiner, aufrecht stehender Rand im Erdboden. Nur kommt dann die Kapillarwirkung des Bodens zum Tragen, die mit ungeheurer Saugkraft dem Teich das Wasser entzieht.

Geht man davon aus, dass die Mehrzahl aller Gartenteiche von einer Rasenfläche umgeben sind, so erfüllt die Kapillarsperre einen weiteren sehr wichtigen Zweck. Pflanzenwurzeln breiten sich gerne in Richtung Wasser aus. Diese Wurzeln werden bei einem Teich ohne Sperre bis an das Wasser heranwachsen und mit ihrer Saugwirkung dem Teich große Mengen Wasser entziehen. Der ständige Wasserverlust und der immer feuchte Teichrand sind untrügliche Zeichen für den schleichenden Vorgang. Oft entwickeln sich auch in unmittelbarer Nähe derartiger Stellen Lebermoose. Um diese Stellen zu finden, müssen Sie den Teichrand sehr genau untersuchen.

Geschickte Teichbauer setzen in die vorhandene rinnenförmige Kapillarsperre zusätzlich einen kleinen Überlauf, mit dessen Hilfe sich überschüssiges Wasser bequem ableiten lässt. Außerdem verhindert er zuverlässig das unkontrollierte Einlaufen von Oberflächenwasser in den Teich. Dies ist besonders wichtig, weil Oberflächenwasser aus dem Garten häufig mit Düngerrückstandsmengen versehen ist, die so nicht in den Gartenteich gelangen sollten.

Ein Loch in der Abdichtung

Sobald sich ein vermutetes Loch in der Plane bewahrheitet, müssen Sie sehr schnell reagieren. Je nachdem, an welcher Stelle und in welchem Ausmaß die Undichtigkeit auftritt, sinkt der Wasserspiegel mehr oder weniger schnell – aber letztlich immer mit fatalen Folgen für die Teichlebewesen – ab. Tierische Wasserbewohner machen sich gegenseitig Raum und Sauerstoff streitig; Ufer- und sogar Wasserpflanzen stehen plötzlich im Trockenen. Bei kleineren Verletzungen der Teichhaut verläuft das Absinken des Teichniveaus eher schleichend. Das lässt sich gut daran erkennen, dass die Wasseroberkante auf Steinen und anderen Gegenständen im Teich Spuren hinterlässt. Diese braunen bis grünlichen, bandartigen Ablagerungen werden von Algen und Schmutzablagerungen verursacht.

Wie finde ich eine undichte Stelle?

Durch ständiges Nachfüllen kann das Problem nicht gelöst werden, zumal bei den derzeitigen Wasserpreisen das Ganze auch zu kostspielig wäre. Bei der Suche nach einer undichten Stelle im Folienteich gehen Sie am besten systematisch vor: Um die Höhe des Loches zu lokalisieren, kontrollieren Sie den Wasserstand möglichst zwei Mal am Tag und bringen an der jeweilig neuen Wasseroberkante eine Markierung mit einem wasserfesten Filzstift an. Im Laufe der Zeit werden Sie beobachten, dass der Wasserstand nicht oder nur noch unmerklich sinkt. Jetzt wissen Sie, auf welchem Niveau sich die Undichtigkeit am Rand befindet. Die genaue Stelle muss nun aber auch noch gefunden werden. Befindet sie sich unter Steinen, Pflanzen oder sonstigem Dekorationsmaterial, wird das schwierig. Mit Hilfe eines kleinen Tricks können Sie sich das Auffinden des „Lecks" aber erleichtern.

Zunächst einmal müssen Sie den Teich wieder auf die Höhe der letzten zwei bis drei Messpunkte auffüllen, die Sie bei den täglichen Kontrollgängen angelegt haben. Bei windstillem Wetter verteilen Sie nun in der Mitte des Teiches den Inhalt einer Mini-Kaffeesahne oder Sie streuen einen Esslöffel Mehl auf die Teichoberfläche. Beides führt zu einer flächig begrenzten leichten Eintrübung des Wassers. Nach kurzer Wartezeit verändert sich diese Fläche und der Rand deformiert sich durch die Sogwirkung keilförmig in Richtung der undichten Stelle. Nun können Sie das Loch leicht auffinden und reparieren. Wie Sie dabei richtig vorgehen, lesen Sie auf den folgenden Seiten.

Kleben oder Schweißen?

Teichfolien sind in der Regel sehr stark verschmutzt. Algen, organische Stoffe und ähnliches bilden eine feste Kruste auf ihrer Oberfläche. Nach Auffinden der undichten Stelle müssen Sie die Folie an dieser Stelle von allen anhaftenden Teilen befreien, denn nur auf einer sauberen Oberfläche können Sie eine Reparatur fachgerecht ausgeführen.

Zunächst müssen Sie feststellen, um welche Art von Teichfolie es sich handelt. Eine Reparatur kann immer nur mit dem selben Material wie dem der Folie ausgeführt werden. Selbst unterschiedliche Materialstärken sind zu berücksichtigen: Verschweißt man dünneres Folienmaterial auf stärkeren Planen, kommt es unweigerlich zu Spannungen, die hinterher undicht werden können. Wissen Sie nicht genau, um welche Folienart es sich handelt, können Sie dies leicht mit einem nicht ganz umweltfreundlichen Testverfahren überprüfen. Hierzu schneiden Sie etwas vom Rand der Teichfolie ab und halten ein Feuerzeug daran:

- **Polyvinylchlorid (PVC)-Folie** wird eine lodernde blaue/orange Flamme entwickeln, schwarzen Rauch entwickeln und anfangen zu tropfen. Dabei entsteht ein beißender Geruch.
- **Polyethylen (PE)-Folien** verhalten sich ähnlich, verbrennen mit bläulicher Flamme und beginnen eher als PVC zu tropfen. Der sich entwickelnde Geruch erinnert an eine frisch ausgeblasene Kerze.
- **Synthesekautschuk (EPDM)-Folien** rauchen beim Entflammen sehr stark und verbreiten den üblen Geruch eines brennenden Autoreifens.

Die Umwelt mag es verzeihen, aber es gibt kaum eine sicherere Methode, bei Unsicherheiten die Art der im Teich liegenden Folie festzustellen. Die genaue Kenntnis der Folienart ist besonders wichtig, da jede der drei erwähnten Folienarten nur mit bestimmten Produkten repariert werden kann. Bei PVC-Folien kann nach Art und Größe der defekten Stelle entschieden werden, ob diese verklebt oder verschweißt werden soll. Beide Methoden sind sicher, stellen aber unterschiedliche Ansprüche an das handwerkliche Können des Ausführenden. Fachkräfte in Gartencentern oder gut geführten Baumärkten sind meistens bereit, einem unkundigen Teichbesitzer weiterzuhelfen.

Ein Loch in der Teichfolie mit Quellschweißmittel und Flicken zu reparieren, erfordert ausreichende Sachkenntnis

Kleben von PVC-Folie

Beim Kleben soll der verwendete Flicken mindestens drei Mal so groß sein wie das eigentliche Loch. Er soll rund geschnitten sein, also keine geraden Kanten aufweisen, um besser verklebt werden zu können. Man streicht beide Flächen mit einem PVC-Folienkleber ein und drückt den Flicken fest an. Die reparierte Stelle sollte 12 bis 24 Stunden ruhen und während dieser Zeit mit einem schweren Gegenstand ohne scharfe Kanten fixiert werden. Erst nach der Trocknungsphase können Sie den Teich bis zum gewohnten Niveau mit Wasser aufgefüllen.

Für Risse oder Löcher bis zu einer Größe von 5 cm bewährt sich der Unterwasser-Reparatur-Set für PVC-Folien. Wie der Name bereits sagt, können damit Reparaturen auf feuchtem Untergrund oder sogar direkt unter Wasser vorgenommen werden. Zu diesem Set gehört ein spezieller Kleber sowie eine transparente Spezialfolie. Sie wird einseitig mit dem Folienkleber bestrichen und unter festem Druck auf die schadhafte Stelle aufbracht. Wartezeiten brauchen Sie nicht einzuhalten.

Schweißen von PVC-Folie

Arbeitstechnisch aufwändiger, dafür aber wesentlich sicherer ist das Verschweißen von PVC-Folien. Hierzu kann man entweder mit Quellschweißmittel (Tetrahydrofuran) oder mit Heißluft arbeiten. Beide Arbeitstechniken setzen gewisse handwerkliche Fähigkeiten voraus. Haben Sie diese Methoden selbst noch nicht angewendet, sollten Sie es sich genau von einem Fachmann zeigen lassen.

Sie dürfen **Quellschweißmittel** keinesfalls wie Folienkleber anwenden, denn es handelt sich hierbei um ein sehr aggressives Lösungsmittel, das beim Auftragen auf PVC-Folien deren Oberfläche anlöst. Gelangt das Mittel zwischen zwei Folienbahnen, so lösen sich die Oberflächen beider Bahnen. Tetrahydrofuran verdunstet sehr schnell; durch einen hohen Anpressdruck mit einem Tapetennahtroller verschmelzen die beiden Folien miteinander. Bei der Verarbeitung von Tetrahydrofuran ist Vorsicht angebracht: Es sollte nicht auf die Haut gelangen; die sich durch Verdunstung entwickelnden Dämpfe sind äußerst giftig und dürfen nicht eingeatmet werden. Kleben und Schweißen sind also zwei vollkommen unterschiedliche Arbeitsgänge.

PVC-Folien können auch mit Hilfe eines **Heißluftföns** miteinander verschweißt werden. Hierzu werden die Folienteile so lange mit Heißluft behandelt, bis sie sich auf der Oberfläche zu verflüssigen beginnen. In diesem Moment, der durch die Temperatur von 600 bis 750 °C rasch eintritt, müssen die Folienteile mit einem metallischen Tapetennahtroller zusammengepresst werden. Der Zeitpunkt der „Verflüssigung" der Folie zeigt sich durch starkes Glänzen an. Sekundenbruchteile später raucht die Folie bläulich und es bilden sich Blasen. In diesem Zustand ist die Folie

Wichtige Utensilien bei der Reparatur von Folienteichen: Pinsel zum Auftragen des Quellschweißmittels, Roller zum Festdrücken und ein Heißluftfön

verbrannt und lässt sich nicht mehr verbinden. Also, auch hierzu gehört eine gewisse Übung. Entschließen Sie sich zu dieser Art der Folienverbindung, so sollten Sie vorher an einem Probestück Folie üben, das nicht zum Teich gehört.

Kleben von PE-Folie

Für die Reparatur oder die Verbindung von PE-Folien gibt es ein spezielles **Klebeband** in schwarz, das dem bekannten doppelseitigen Teppichklebeband ähnelt. Zu diesem Klebeband gehört ein spezieller Reiniger, mit dem die zu verklebenden Teile zuvor gesäubert werden müssen. Das Band wird auf 10 cm breiten Rollen angeboten und ist die einzige Möglichkeit, PE-Folien miteinander zu verbinden oder diese zu reparieren. Muss eine PE-Folie einmal repariert werden, so muss die betreffende Stelle absolut sauber und vollkommen trocken sein. Das leicht elastische Band ist etwa 1 mm stark und klebt beidseitig. Hierbei sollten Sie allerdings beachten, dass diese Art der Verbindung längst nicht so stabil ist, wie man dass bei PVC-Folien gewohnt ist. Die Verbindungslänge bei PE-Folien sollte etwa 1,5 bis 2,0 m nicht überschreiten. Kleinere Flickstellen sollten nach der Reparatur mit einem Stein beschwert werden, um unnötige Belastungen der Stelle zu vermeiden. Leider kommen alle Methoden, die zur Reparatur von PVC-Folien vorgestellt wurden, bei PE-Folien nicht zum Tragen.

Kleben von Synthesekautschukfolien

EPDM-Folien sind aus künstlichem Kautschuk hergestellt. Hierzu wird ein passender Kleber angeboten, der wie ein **Sekundenkleber** wirkt und sehr gute Verbindungen gewährleistet. Muss eine derartige Folie repariert werden, so gehen Sie dabei so vor, als würden Sie einen Fahrradschlauch flicken. Die Flickstelle muss sauber und trocken sein, ein leichtes Aufrauen mit Sandpapier fördert die Haltbarkeit der späteren Verbindung.

Kleben von glasfaserverstärkten Kunststoffbecken

Reparaturen an GFK-Fertigbecken kommen eigentlich sehr selten vor, da diese praktisch nicht zerstörbar sind, sobald sie einmal ordnungsgemäß im Boden eingegraben sind. Sollte dennoch einmal ein „Leck" auftreten, so können Sie sich das notwendige Material dafür beim Autozubehör-Handel besorgen. Sie benötigen dazu Glasfasermatte und Polyesterharz. Zunächst entfernen Sie an der zu reparierenden Stelle die Farbe des Beckens. Erst dann streichen Sie das Polyesterharz auf, legt die Glasfasermatte darüber und überstreichen diese erneut mit dem Harz. Je nach Materialstärke wiederholen Sie diesen Vorgang mit zwischenzeitlichen Trocknungsphasen mehrfach. Erst wenn die Flickstelle vollkommen ausgehärtet ist, können Sie das reparierte Becken erneut mit Wasser füllen. Polyesterharz entwickelt giftige, länger anhaltende Dämpfe. Deshalb sollten Sie erst nach einer völligen Aushärtung und Ausgasung der Flickstellen bei Temperaturen um 20 °C, also frühestens nach zwei bis drei Tagen, die pflanzlichen und tierischen Wasserbewohner wieder einsetzen.

Der Überlauf im Gartenteich

Ein Überlauf in einem Gartenteich erfüllt gleich mehrere wichtige Funktionen; viele Teichbesitzer haben das leider noch nicht erkannt:

- Mit einem Überlauf wird überschüssiges Wasser abgeleitet, ohne dass dieses den Teichrand unterspülen kann.
- Der Wasseraustausch kann gezielt gesteuert werden.
- Der Wasserstand kann sich selbstständig regulieren.
- Im Sommer kann die Wassertemperatur eines Teiches bis zu einem gewissen Grad beeinflusst werden.

Mit dieser Methode ist der Einbau eines Überlaufs besonders einfach

Einen Überlauf einbauen

Vor dem Einbau des Überlaufs muss man sich darüber im Klaren sein, wohin das anfallende Wasser abgeleitet werden soll. Eine Ableitung über angrenzende private oder öffentliche Flächen oder Gehwege ist per Gesetzgebung untersagt. Am besten wird es über ein Kanal- oder ein Zisternensystem direkt abgeleitet. Ist dies nicht möglich, kann in Teichnähe ein Versickerungsschacht in entsprechender Größe zum Teich eingeplant werden.

Die einfachste Konstruktion eines Teichüberlaufs besteht aus einer rinnenförmigen Ausbuchtung an der tiefsten Stelle des Teichrandniveaus. Um das anfallende Wasser so lenken zu können, dass es nicht unmittelbar am Teichrand in den Boden läuft, sollte man zusätzlich eine Schürze an dieser Stelle ankleben, die das Wasser weit genug vom Teich wegleitet. Sobald größere Wassermengen unmittelbar am Teichrand in den Boden gespült werden, verändert sich das Teichrandprofil und der Teich wird undicht. Wirkungsvoller ist jedoch der Einbau eines Überlaufs, bei dem das überschüssige Wasser über ein Rohrsystem abgeleitet werden kann.

Viele Teichbesitzer bringen aus Angst vor späteren Undichtigkeiten an dieser Stelle nicht den Mut auf, in ihre Teichfolie ein Loch zu schneiden. Bei etwas handwerklichem Geschick ist das aber unproblematisch. Zunächst muss ein Graben ausgehoben werden, der im leichten Gefälle (mindestens 1 cm/m) vom Teichrand zum eigentlichen Überlauf führt. Das Wasser wird über ein Rohrsystem aus Kanal- und Grundleitungsrohren (KG-Rohre) abgeführt. Das Muffenteil des Rohres wird nun so an der freigelegten Stelle hinter der Folie am Teichrand platziert, dass es knapp unter der Höhe des gewünschten Wasserstands liegt. Nachdem der Dichtungsring aus der

Muffe entfernt wurde, schneidet man mit Hilfe eines Teppichmessers einen Kreuzschnitt in die Folie und klappt die vier kleinen Lappen in das Innere des Rohrs. Nun braucht nur noch ein Winkelstück (75 bis 90 °-Winkel) in das Rohrende gedrückt werden und der Überlauf ist fertig. Die Folienlappen übernehmen dabei die Funktion des Dichtungsringes, wodurch der Überlauf absolut dicht ist. Wichtig ist, dass beim Einbau des Winkelstückes alle Folienlappen komplett im Rohr sind, da ansonsten der Teich an dieser Stelle undicht ist. Durch Lösen und Zusammendrücken der Muffenverbindung kann dieses Problem aber behoben werden.

Je stärker die Folie und je größer der Durchmesser des Rohres ist, desto schwieriger wird diese Arbeit. Um sich diesen Vorgang ein wenig zu erleichtern, sollten Sie dazu unbedingt eine Warmwetterperiode nutzen, da die Folie dann geschmeidiger und somit besser zu verarbeiten ist. Es macht auch wenig Sinn, einen großen Rohrdurchmesser zu wählen. In der Regel reicht für einen Teich mit einer Wasseroberfläche von 10 m^2 ein Rohrdurchmesser von 50 bis 60 mm, bei bedeutend größeren Teichen kann man auf ein 100er Rohr übergehen. Das eingesetzte Winkelstück kann später durch eine Drehbewegung so verändert werden, dass das Teichwasser bis zur gewünschten Höhe ablaufen kann. Soll kein Wasser ablaufen, stellt man die Ablauföffnung senkrecht nach oben. Um zu vermeiden, dass Kleintiere über den Ablauf mit weggespült werden, sollte man ein Auffangsieb in die Ablauföffnung stecken.

Nachträglicher Einbau eines Überlaufs

Da man die Notwendigkeit eines Teichüberlaufs inzwischen erkannt hat, haben einige Firmen aus der Gartenteichbranche Zubehörteile auf den Markt gebracht, die den nachträglichen Einbau wesentlich vereinfachen. Dabei hat man den Dachdeckerfirmen auf die Finger geschaut, die sich seit Jahren mit der Abdichtung von Flachdächern befassen. Hierzu verwenden sie Folien, die auch im Teichbau eingesetzt werden. Als Zubehör erhält man hier einen PVC-Folienlappen mit einem eingepassten „Rüssel", der genau die Normmaße von KG-Rohren hat. Diesen Folienlappen klebt oder schweißt man an die vorhandene Folie an, schneidet ein entsprechendes Loch ein und schiebt das Rohr durch.

Besonders interessant ist eine Rohrdurchführung, die von einem Folienhersteller entwickelt wurde. Sie besteht aus zwei miteinander verschraubbaren Kunststoffringen (Rohrdurchführungsflansche), die auf der Vorder- und Rückseite der Teichfolie für sicheren Halt und absolute Dichtigkeit verschraubt werden. Der Ringdurchmesser entspricht genau den Normmaßen von KG-Rohren. Nach dem Verschrauben der Ringe muss lediglich der innere Folienteil wie in einer Schablone mit einem Teppichmesser herausgetrennt und das Rohr eingeschoben werden. Diese sehr einfache und vor allem sichere Methode eignet sich besonders gut für größere Rohrdurchmesser. Erhältlich sind sie für Rohre von 50 bis 300 mm Durchmesser. Die kleineren Rohrdurchführungsflansche werden in der Regel für Teichüberläufe eingesetzt. Mit den Rohren größeren Durchmessers schließt man Pflanzenkläranlagen an oder stellt Verbindungen zwischen mehreren Teichen her.

Wohin mit dem Überschusswasser?

Neben den technischen Möglichkeiten für den Einbau eines Überlaufs muss man sich für eine Methode der Wasserweiterleitung entscheiden. Gerade auf dem Sektor der Regenwassernutzung bieten sich sehr praktikable Lösungen an, die den Teichbesitzer sowohl bei der Ressourcenschonung als auch beim Sparen unterstützen. Bei genügend Platz kann in unmittelbarer Teichnähe eine zur Teichgröße passende Regenwasserzisterne aus Kunststoff im Boden versenkt werden. An diese Zisterne wird der Überlauf des Teiches direkt angeschlossen. Dieser Einbau ist jederzeit noch nachträglich möglich. Um Mischwasser aus Niederschlag und überschüssigem Teichwasser zu erhalten, kann das Fallrohr der Dachrinne an diese Zisterne mit angeschlossen werden. Die Zisterne muss nach dem Einbau zugänglich sein und über einen Ablauf verfügen. Mit ihrem Inhalt kann über eine leistungsgerechte Teichpumpe ein Bachlauf oder Wasserfall betrieben werden. Das rücklaufende Wasser aus dem Teich sammelt sich wieder in der Zisterne. Entscheidend ist die Größe der eingebauten Zisterne, die sowohl zur Teichgröße als auch zur Auffangfläche des Daches passen muss. Wählt man sie zu klein, wird das überschüssige Wasser ständig über den Ablauf abgeleitet. Ist sie hingegen zu groß gewählt, ist der Austausch zu gering und das Wasser steht ab. Dann entsteht ein unangenehmer Geruch, der durch biologische Abbauvorgänge von unter Luftabschluss lebenden Bakterien verursacht wird. Hier hilft dann nur noch ständige Frischwasserzufuhr oder aber eine Verkleinerung der Zisterne.

In der Regenwassertechnik wurden in den letzten Jahren spezielle Filter entwickelt, die den Eintrag unerwünschter Stoffe über die Zisterne in den Teich verhindern. Hohe Nährstoffmengen durch organische Stoffe und Schmutzteile können ohne hohen technischen Aufwand herausgefiltert werden.

Schwankungen des pH-Wertes vom Teichwasser durch den niedrigeren pH-Wert des Regenwassers können durch die Mischwasserzufuhr wieder ausgeglichen werden.

Teichpumpen-Einmaleins

Eine Pumpe im Teich macht das Wasser lebendig. Bewegtes Wasser erfreut das Auge, zudem wirkt es sich positiv auf die Wasserqualität aus. Voraussetzung ist allerdings eine richtige Installation der Pumpe. In kaum einer Produktbeschreibung von Pumpen wird beispielsweise darauf hingewiesen, dass sich eine zu starke Verwirbelung oder zu häufiges Durchmischen des Wassers eher nachteilig auf Mikroorganismen und somit auf die Wasserqualität auswirkt. Ebenso wenig wird ein Käufer derartiger Geräte über den richtigen Standort der neuen Pumpe in seinem Teich aufgeklärt. Geschultes Personal in Fachmärkten kann in der Regel einen Kunden so gut beraten, dass er hinterher auch die passende Teichpumpe erstanden hat. Durch viele unterschiedliche Modelle herrscht „verwirrende Vielfalt“, zudem kann man innerhalb mehrerer vergleichbarer Markenprodukte verschiedener Hersteller kaum nennenswerte Unterschiede feststellen.

Technisch unterscheidet man zwei Pumpenarten:

Für den Betrieb eines solch großen Wasserfalls wird eine kräftige Teichpumpe benötigt

Magnetkernpumpen

Hierbei handelt es sich um zumeist kleine Teichpumpen, die in erster Linie für kleinere Wasserspiele oder Teichrandfiguren eingesetzt werden. Sie werden über Permanentmagnetrotoren angetrieben. Der Magnet, an dessen Ende sich das Laufrad für die Wasserförderung befindet, sitzt in einem wassergefüllten Rotorraum. Strom führende Teile sind dabei durch eine Kunstharzversiegelung vollkommen abgeschirmt. Durch Induktionsstrom setzen sich Magnet und Rotor in Bewegung. Bei Pumpen der neuen Baureihe bleibt die Laufrichtung des Rotors durch ein patentiertes Verfahren immer gleich. Ähnliche Pumpen ohne diese geregelte Laufrichtung haben häufig Anlaufschwierigkeiten. Diese lassen sich aber schnell beheben, indem die Pumpe ein bis zwei Mal an und aus gestellt wird. Gute Geräte verfügen über ein Regelsystem, womit sich die Fördermenge drosseln oder steigern lässt.

Pumpen mit Asynchronmotor

Diese Pumpen sind bedeutend robuster, sehr laufruhig und für den Betrieb in größeren Teichen bestimmt. Dieses Motorenart besitzt einen Kupferrotor, der von einem Edelstahlmantel umgeben ist. Lager und Pumpenwelle sind aus hochwertiger Keramik. Mit Hilfe eines Drehzahlreglers kann die Leistung dieser Pumpen beliebig verändert werden. Dies ist bei Motoren der Magnetkernpumpen nur dann möglich, wenn sie immer in die gleiche Richtung

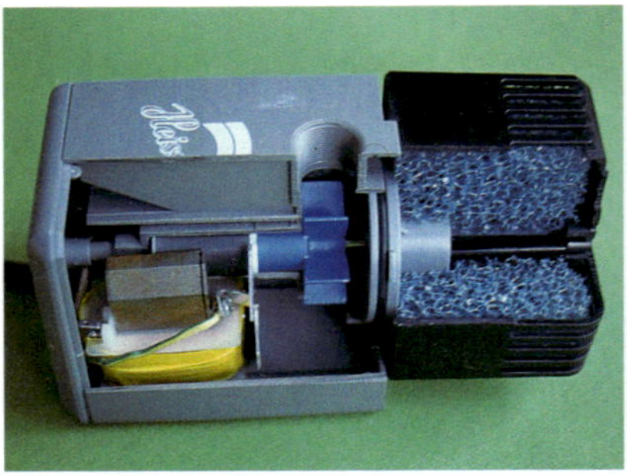

Eine Magnetkernpumpe als Schnittmodell

laufen. Am vorderen Ende der Pumpenwelle befindet sich ein Laufrad mit strömungsgünstig geformten Schaufelblättern. Die Fördermenge ist von der Laufgeschwindigkeit und der Größe dieser Blätter abhängig. Trotz ihrer hohen Drehzahl laufen derartige Pumpen fast geräuschlos. Sie werden für größere Wasserspiele, Wasserfälle, Bachläufe oder mit entsprechendem Zubehör auch für Kombinationen unterschiedlicher Wasserbewegungen eingesetzt. Pumpen dieser Baureihe können in der Regel auch außerhalb des Teiches betrieben werden. Da sie nicht selbstansaugend sind, müssen sie dann so installiert werden, das sie unterhalb des Teichniveaus liegen und das Wasser über einen Schlauch zugeführt wird. Hierzu wird der Vorfilter gegen einen Adapter ausgetauscht, an den der wasserführende Schlauch angeschlossen wird. Eine geringfügige Leistungsminderung muss dabei jedoch in Kauf genommen werden.

Unterschiede zwischen Garten- und Teichpumpen

Teichpumpen und normale Gartenpumpen unterscheiden sich durch verschiedene Eigenschaften, weshalb man sie auch für unterschiedliche Zwecke einsetzt:

Gartenpumpen
- sind erheblich preiswerter als Teichpumpen,
- arbeiten mit hohem Druck und fördern große Wassermengen. Obwohl gelegentlich große Wassermengen für ein optimales Wasserbild (z.B. Wasserfall oder Bachlauf) benötigt werden, darf dabei niemals hoher Druck aufgebaut werden. Der Wasserdruck würde Teichbild rasch zerstören,
- sind in der Regel selbstansaugend,
- verfügen häufig über wartungsintensive Kohlebürstenmotoren mit einer eingeschränkten Lebensdauer,
- verbrauchen verhältnismäßig viel Strom (mindestens 800 bis 1500 W),
- erzeugen hohen Geräuschpegel.

Teichpumpen
- sind teurer, dabei aber auch aufwändiger verarbeitet als Gartenpumpen,
- eignen sich bei entsprechendem Zubehör zur Erzeugung von Wasserbildern und für Bachläufe,
- sind nicht selbstansaugend,
- sind absolute „Dauerläufer" und langlebig,
- verbrauchen weniger Strom (250 bis 500 W) als Gartenpumpen.

Durch den Einsatz der neuen Teichfiltergeräte ist gleichzeitig eine neue Pumpengeneration auf den Markt gekommen, mit deren Technik die Filterung überhaupt erst möglich wird. Diese Pumpen fördern ohne Druck große Wassermengen. Statt einem Vorfilter verfügen sie nur über einen Schutzkäfig mit Öffnungen, durch die Schmutzteile mit einer Größe von bis zu 8 mm weiter transportiert werden können. Spezielle Rotorblätter fördern große Mengen Schwebeteile wie Schmutz und Algen über ein Schlauchsystem in den Filter. Im weitesten Sinne handelt es sich bei dieser Baureihe um eine Art Schmutzwasserpumpe. Der angebrachte Schlauchaufsatz an der Pumpe ist variabel und kann bei fast allen Typen über eine Art Kugelgelenk so verdreht werden, dass der angeschlossene Schlauch nicht geknickt wird. Das ist besonders wichtig, denn der Filter wird im Normalfall mit starren, unbeweglichen Schläuchen nicht unter 1¼ Zoll Durchmesser angeschlossen.

Pflege und Wartung von Teichpumpen

Teichpumpen der neuen Generation sind wartungsarm. Alle Strom führenden Teile sind komplett versiegelt, so dass sie nicht mehr zugänglich sind, auch nicht für eine Reparatur. Notwendige Wartungen beschränken sich daher auf das gelegentliche Öffnen der Pumpenkammer sowie deren Reinigung. Den Vorfilter sollten Sie in regelmäßigen Abständen ausspülen. Gemäß deutscher Norm muss eine im Teich betriebene Pumpe über ein spezielles, 10 m langes Feuchtigkeitskabel verfügen. Dieses Kabel gehört prinzi-

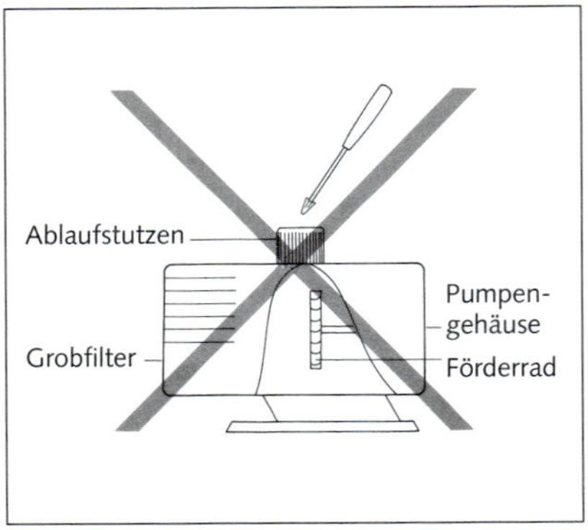

Ein fest sitzendes Förderrad an der Teichpumpe sollte niemals mit einem Schraubendreher über den Ablaufstutzen bearbeitet werden

piell zum Lieferumfang einer jeden Pumpe für den Außenbereich und darf unter keinen Umständen eingekürzt werden, da ansonsten jegliche Garantieansprüche erlöschen.

Nicht geöffnet werden dürfen Verschraubungen, diese sind generell versiegelt. Für alle Pumpen gilt: Man darf an dem Gerät alles öffnen und entfernen, solange man dies ohne Zuhilfenahme von Werkzeugen schafft. Alle Pumpen sollten über Winter aus dem Teich geholt und in einem Gefäß mit Wasser eingelagert werden. Werden sie trocken gelagert, setzt sich die Welle fest. Die Pumpen können dann nicht aus eigener Kraft anlaufen und brennen durch. Auch nach fachgerechter Überwinterung sollte die Gängigkeit des Laufrads überprüft werden. Keinesfalls sollten Sie mit einem Schraubenzieher in dem Ablaufstutzen hantieren. Die feinen Schaufeln eines Laufrads sind äußerst empfindlich. Schon kleinste Verletzungen der Schaufeln führen zu einem sehr starken Leistungsabfall.

Reinigung von Magnetkernpumpen

Diese Teichpumpen müssen relativ häufig gereinigt werden. Geöffnet werden sie meistens über eine Art Bajonettverschluss, der sich bei allen größeren Modellen, aber auch bei neuen oder verschmutzten Pumpen recht schwierig öffnen lässt. Schon beim Kauf eines solchen Gerätes sollte man sich das Öffnen und Reinigen zeigen lassen. Leider sorgen schon kleinste Verunreinigungen im Rotorraum bei diesen Pumpen dafür, dass sie stehen bleiben und nicht mehr fördern. In diesem Fall holt man die Pumpe aus dem Teich, öffnet sie, entnimmt den Rotor samt Magnet und spült alles unter fließendem Wasser aus. Bei kleineren Pumpen dieser Baureihe werden Rotor und Magnet auf einer kleinen Welle geführt, die fast immer in zwei kleinen Gummilagern steckt. Diese dürfen beim Reinigungen nicht verloren gehen. Die Pumpe hat danach sofort wieder ihre volle Leistung. Mag-

Ein Pumpenvorfilter muss regelmäßig gereinigt werden

net mit Rotor sollten Sie austauschen, sobald die Pumpenleistung nachlässt oder plötzlich ungewohnte Geräusche auftreten.

Den Pumpen ist normalerweise ein kleiner Schaumstofffilter vorgeschaltet, der dafür sorgt, dass grobe Schmutzteile von der Pumpe ferngehalten werden. Spätestens bei merklich nachlassender Förderleistung der Pumpe sollten Sie diesen Vorfilter in regelmäßigen Abständen unter klarem Wasser ausspülen. Beginnt der vorhandene Schwamm bröselig zu werden, tauschen Sie ihn aus.

Reinigung von Pumpen mit Asynchronmotor

Diese Pumpen sind noch wartungsfreundlicher, sollten aber trotzdem gelegentlich im vorderen Bereich geöffnet werden, soweit die Technik das zulässt. Das Laufrad sitzt unter der Pumpenkammer versteckt. Diese Kammer und das Laufrad sollten gelegentlich geöffnet und von groben Schmutzteilen gereinigt werden. Das sollte man sich beim Kauf der Teichpumpe erklären lassen. Anfangs ist das Öffnen nicht ganz einfach, denn die Pumpenkammer verfügt über einen Drehverschluss, der zusätzlich mit einer Ringdichtung und Silikondichtmasse versehen ist. Gleichzeitig überprüft man die Leichtläufigkeit des Laufrades. Um zu verhindern, dass die Pumpe zu Reinigungszwecken am Kabel aus dem Wasser gezogen wird, sollte jeder umsichtige Teichbesitzer eine Schnur oder Kette an der Pumpe befestigen und sie ausschließlich daran herausziehen.

Reparaturen an Teichpumpen

Reparaturen beschränken sich in der Regel auf das Austauschen zerbrochener Laufradkammern oder Vorfiltergehäusen. Sollte einmal das Laufrad einer Asynchronmotor-Pumpe defekt sein (z.B. Abnutzung der Förderschaufeln), muss die Pumpe zum Hersteller eingeschickt werden. Die Pumpen werden dann zumeist über einen Kostenvoranschlag kostengünstig repariert oder ausgetauscht.

Die richtige Pumpengröße

Vor dem Kauf einer Teichpumpe müssen Sie sich darüber im Klaren sein, was dieses Gerät eigentlich im Teich leisten soll. Für jede Form der Wasserbewegung – ob einzeln oder in Kombination – erhält man eine passende Pumpe. Ob eine Kombination mehrerer Wasserbilder (hier der Sammelbegriff für unterschiedliche Wasserbewegungen) immer sinnvoll ist, ist im Einzelfall zu prüfen. Da es unter den Wasserbildern ständig oder nur zeitweise betriebene gibt, ist es häufig sinnvoller, sich sowohl eine Pumpe der mittleren Größe als auch eine kleinere dazu zu kaufen, anstatt alles über eine große Pumpe zu steuern. Anhand der Tabelle auf Seite 82 oben können Sie ersehen, ob je nach Ihrem gewünschten Wasserbild und dessen Laufdauer der Betrieb über eine oder über zwei Pumpen sinnvoll ist.

Diese Auflistung sagt nun noch nichts über die Fördermenge der Pumpe aus. Jedes einzelne Wasserbild setzt eine bestimmte Fördermenge für

Sauerstoff einbringende Elemente für den Gartenteich

Element	Laufzeit	Zeitraum	Bemerkungen
Bachlauf	ständig	24 Std.	Wasserumwälzung, Sauerstoffeintrag
Wasserfall	ständig mit Filter	24 Std.	gegebenenfalls Geräuschpegel beachten
Teichfigur	unterbrochen	9–12/15–20 Uhr	Geräuschpegel unbedingt beachten
Quellstein	ständig	24 Std.	guter Sauerstoffeintrag zusammen mit Bachlauf
Wasserglocke	unterbrochen	nicht 12–15 Uhr	mittags zu starke Wassererwärmung
Kaskade/ Fontäne	unterbrochen	nicht 12–15 Uhr	Geräuschpegel unbedingt beachten
Schaumdüse	ständig	24 Std.	einer der besten Sauerstoffspender
Kelch	unterbrochen	nicht 12–15 Uhr	zu starke Wassererwärmung
Tulpe-Blütenkelch	unterbrochen	nicht 12–15 Uhr	zu starke Wassererwärmung
Pirouette	unterbrochen	nicht 12–15Uhr	Geräuschpegel beachten
Belüfterpumpe	unterbrochen	18–6 Uhr	Pflanzen brauchen nachts Sauerstoff
Sauerstoff-oxidator	ständig	24 Std.	automatischer permanenter Sauerstoffeintrag

Wasserbedarf von verschiedenen Wasserbildern bei bestimmten Förderhöhen

Förderhöhe cm	30	50	60	100	125	150	200	250
Schaumdüse	2500	3500	4500	–	–	–	–	–
Wasserglocke	900	1800	2700	3500	–	–	–	–
Kelch	1200	2200	–	–	–	–	–	–
Tulpe	700	900	1100	–	–	–	–	–
Pirouette	–	–	–	–	2500	2800	–	–
Fontäne	600	900	1200	–	2200	2800	4000	4500
Blütenkelch	600	–	900	1200	–	2800	–	–
Wasserbild	Wasserbedarf in l/h							

Hier dient ein großer Findling mit Bohrung als Ausgangspunkt für einen Bachlauf

Darauf sollten Sie bei einem Bachlauf achten

Der Bachlaufrand sollte immer mit bodendeckenden Pflanzen bewachsen sein. Freie Flächen im Bachbett verdeckt man mit möglichst hellen Kieseln. Beide Maßnahmen tragen zu einer geringeren Wassererwärmung bei.

Wenn schon beim Bau eines Bachlaufs auf kleine „Staustufen" geachtet wird, trocknet der Bachlauf beim Abschalten der Teichpumpe nicht sofort aus. Das kommt der Bachlaufbepflanzung und badenden Vögeln gleichermaßen zugute.

ein optimales Erscheinungsbild voraus. Durch unterschiedliche Pumpenhersteller kennt man verschiedene Methoden, um die richtige Pumpe zu ermitteln. Manche Pumpenfirmen schlagen für ihre Düsen und deren Spritzhöhe gleich eine entsprechende Pumpe vor. Andere geben den optimalen Leistungsbedarf in l/h für eine bestimmte Spritzhöhe an. Diese Methode ist besser, denn mit ihr lassen sich benötigte Fördermengen einfach addieren; ein Vorteil, wenn unterschiedliche Wasserbilder mit nur einer Pumpe betrieben werden sollen. Addiert man alle benötigten Wassermengen pro Stunde zusammen, hat man die erforderliche Pumpenleistung ermittelt. In der Tabelle auf Seite 82 unten sind die wichtigsten Wasserbilder mit unterschiedlichen Förderhöhen und der ent-

Pumpenförderleistungen und deren Einsatzmöglichkeiten im Vergleich

cm WS	Pumpenförderleistungen (in l/h) verschiedener Pumpen bei entsprechender Höhe und Anwendung														
900											1400				
600									1900	4600	7400	6200			
550									2800	5100	8100	7400			
500								250	3700	5800	8800	8400			
450								900	4300	6500	9400	9400			
400							200	1500	5000	7000	9800	10100			
350						2000	400	2200	5500	7700	10700	10800			
300						2800	800	2700	5900	8300	11100	11900			0
250					500	3400	1500	3300	6400	9000	11800	12400			700
200				300	1100	3900	2400	3800	6900	9300	12300	13000		0	1400
150			700	1200	2000	4100	3200	4300	7300	9600	12600	14000	0	400	2400
100	240	360	1300	1700	2600	4400	4000	5100	7700	9800	12700	15300	1400	1200	3600
50	420	780	1800	2700	3100	4500	4800	5700	8000	9900	12900	16800	3000	2500	4500
0	750	1200	2000	3000	3600	4500	5000	6000	8000	10000	13000	18000	3300	3800	5800
max. Förderleistung	750	1200	2000	3000	3600	4500	5000	6000	8000	10000	13000	18000	3300	4400	6600
max. Förderhöhe	1,5 m	1,3 m	2,0 m	2,6 m	2,75 m	3,3 m	3,6 m	5,0 m	6,1 m	8,3 m	9,0 m	7,25 m	1,7 m	2,3 m	3,2 m
Anwendung	Kleine Kaskaden	Kleine Quellsteine	Mittlere Kaskade	Kleine Schaumdüse	Kleine Bachläufe Wasserfälle	Mittlere Quellsteine	Große Kaskade	Mittlere Schaumfontaine	Mittlere Bachläufe	Große Quellsteine	Große Schaum fontaine	Große Bachläufe Wasserfälle	Teichfilter Bachläufe Wasserfälle	Teichfilter Bachläufe Wasserfälle	Teichfilter Bachläufe Wasserfälle

sprechenden Fördermenge aufgeführt. Die dort angegebenen Fördermengen für ein optimales Bild können nur als ein Richtwert angesehen werden. Da es viele unterschiedliche Modelle zu den einzelnen Wasserspielen gibt, erfragt man die genaue Fördermengenangabe am besten beim Kauf.

Für Wasserfälle, Bachläufe, Quellsteine und Teichrandfiguren werden andere Berechnungsgrundlagen angewendet. Am einfachsten ist die erforderliche Pumpenleistung für einen **Bachlauf oder Wasserfall** zu ermitteln. Man rechnet mit 100 l/h pro Zentimeter Bachlauf- oder Wasserfallbreite am Wasseraustritt. Die Leistungstabelle auf Seite 84 dient als Richtwert bei der Ermittlung der richtigen Pumpe für die gewünschte Wasserbewegung.

Für einen **Quellstein** werden pro cm Höhe 60 l/h zugrunde gelegt. Also würde ein Quellstein mit einer Höhe von 60 cm eine Pumpenleistung von 3600 l/h benötigen. Nur bei dieser Menge ist gewährleistet, dass der Stein optimal mit Wasser benetzt wird.

Die richtige Spritzhöhe von Düsen
Die Spritzhöhe jeder Art von Düsen sollte nie höher sein als der Radius des Teiches, in dem sich das Wasserspiel befindet. Schon bei leichtestem Wind kommt es zu starker Abdrift.

Teichrandfiguren gibt es in großer Zahl und aus den unterschiedlichsten Materialien. Für ein optimales Spritzbild werden in der Regel 600 l/h veranschlagt. Verfügt die Figur über eine besonders große Austrittsöffnung, kann diese Menge auch noch etwas höher liegen. Einige Hersteller sind inzwischen dazu übergegangen, die benötigte Wassermenge passend zur Figur festzulegen. Der Käufer einer Teichpumpe muss bei Mehrfachanschlüssen an eine Pumpe nun eigent-

Reibungsverluste in Schläuchen verschiedener Länge

Schlauchdurchmesser (in Zoll)	Wassermenge (l/h)	Schlauchlänge (in m)				
		1	2	3	4	5
$^3/_4$	1800	0,10	0,20	0,30	0,40	0,50
$^3/_4$	3000	0,30	0,60	0,90	1,20	1,50
$^3/_4$	4500	0,70	1,40	2,10	2,80	3,50
1	1800	0,05	0,10	0,15	0,20	0,25
1	3000	0,10	0,20	0,30	0,40	0,50
1	*4500*	*0,20*	*0,40*	*0,60*	*0,80*	*1,00*
1	6000	0,30	0,60	0,90	1,20	1,50
$1^1/_4$	1800	0,01	0,02	0,03	0,04	0,05
$1^1/_4$	3000	0,03	0,06	0,09	0,12	0,15
$1^1/_4$	4500	0,05	0,10	0,15	0,20	0,25
$1^1/_4$	6000	0,10	0,20	0,30	0,40	0,50
$1^1/_4$	9000	0,20	0,40	0,60	0,80	1,00

lich nur noch die Fördermengen seines individuellen Wasserbildes addieren und er hat die richtige Pumpe. Diese Rechnung stimmt aber nur, wenn die erforderlichen Anschlüsse mit größtmöglichem Durchlauf gewählt werden.

Förderhöhe – Fördermenge – Wassersäule

Auf den Verpackungen von Teichpumpen stehen Leistungsangaben, die über die geförderten Wassermengen pro Minute beziehungsweise Stunde Auskunft geben. Diese Angabe ist zwar wichtig, andererseits aber nicht besonders aussagekräftig, denn sie bezieht sich nur auf die Höhe 0, also die Höhe des Wasserspiegels. Sie beinhaltet keine Angabe zu etwaigen Förderleistungen in die Höhe. Sobald eine Pumpe Wasser nach oben befördern muss, lässt ihre Förderleistung nach. Bei kleineren Geräten wirkt sich dies sehr schnell aus, bei stärkeren Pumpen kommt es erst bei größeren Förderhöhen zum Tragen. Auf den Verpackungen der Pumpen sind in der Regel Leistungskurven abgebildet, aus denen sich die Fördermenge auf die Höhe bezogen gut ableiten lässt. Häufig gibt es auch noch Angaben zu der maximalen Förderhöhe einer Pumpe. Dies ist der Punkt, bis zu dem eine Pumpe Wasser fördert. Auch diese Werte sind der Tabelle auf Seite 84 zu entnehmen.

Reibungsverluste in Schläuchen

Starke Reduzierungen durch sich verengende Schläuche oder Schlauchverbindungen sowie Durchflussverengungen durch Winkel erzeugen einen hohen Reibungsverlust. Das führt zu einem verminderten Wasseraustritt. Das Gleiche gilt für Schlauchlängen: Je länger ein Schlauch ist, desto stärker nimmt die Förderhöhe der Pumpe ab. Mit Hilfe der nachfolgenden Tabelle kann der Druckverlust ermittelt werden. Dieser muss gegebenenfalls bei der Ermittlung einer geeigneten Teichpumpe mit angerechnet werden.

Als Beispiel aus dieser Tabelle: Ein Bachlauf wird mit einem 5 m langen Schlauch mit 1 Zoll Durchmesser betrieben, die Fördermenge der Pumpe beträgt 4500 l. Zur richtigen Dimensionierung der Pumpe muss noch 1 m Förderhöhe zusätzlich einkalkuliert werden.

Es wird immer sinnvoll sein, eine Teichpumpe mit einer geringfügig höheren Leistung einzusetzen als eine, die von vornherein zu schwach ist. Das Fördervermögen einer Pumpe kann gegebenenfalls gedrosselt, aber niemals über die angegebene Leistung hinaus erhöht werden.

Wie man Reibungsverluste minimiert
Druckminderung durch Reibungsverlust in Schläuchen vermeidet man, wenn man den größtmöglichen Anschlussdurchmesser der Pumpe ohne Reduzierung verwendet.

Den Teich belüften

Luftzufuhr und somit ein verbesserter Sauerstoffgehalt sind lebenswichtig für das biologische Gleichgewicht im Teich. Der Sauerstoffgehalt des Wassers unterliegt tageszeitlich bedingt großen Schwankungen (siehe Seite 14). Die Teichbelüftung mit technischen Einrichtungen ist deshalb eine sinnvolle Maßnahme zur Sauerstoffanreicherung. Hierzu wurden spezielle Belüfterpumpen, Kompressoren, Düsen und andere Sauerstoffspender auf den Markt gebracht. Bei jedem Versuch zur Erhöhung des Sauerstoffgehaltes im Teich müssen Sie bedenken, dass die Aufnahmefähigkeit des Wasser an gelöstem Sauerstoff von der Wassertemperatur abhängt:

- niedrige Wassertemperatur = hohe Aufnahmefähigkeit;
- hohe Wassertemperatur = geringe Aufnahmefähigkeit.

Es ist ein Trugschluss zu glauben, dass die aus einem Diffuser oder Ausströmerstein aufsteigenden Luftbläschen sich allesamt in löslichen Sauerstoff wandeln und das Wasser damit anreichern. Die nach oben perlenden Luftbläschen sind im oberen Bereich immer weniger dem Wasserdruck ausgesetzt, die Möglichkeit der Sauerstoffabgabe an das Teichwasser wird dadurch zunehmend geringer. Deshalb sollte man den Versuch des Sauerstoffeintrags in den Gartenteich nicht überbewerten. Fische schätzen die Luftblasen sehr, man kann beobachten, dass sie durch Ansammlungen von Luftbläschen immer wieder hindurch schwimmen. Die Belüftung des Teichwassers im Sommer ist genauso wichtig wie im Winter, vor allem dann, wenn der Teich mit einer Eisdecke versiegelt ist.

Atmungsaktivität von Teichlebewesen in Abhängigkeit der Wassertemperatur

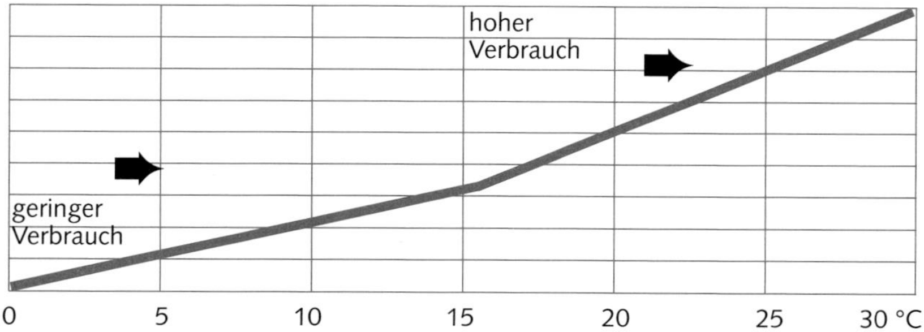

Sauerstoff kann durch mehrere Möglichkeiten in das Teichwasser eingebracht werden. Neben Teichbelüftersystemen und Sauerstoff produzierenden Geräten bietet der Handel eine Fülle von Gartenteichpumpen an, mit deren Hilfe Bachläufe, Wasserfälle oder Wasserspiele betrieben werden können und die allesamt für ausreichende Zirkulation im Gartenteich sorgen.

Viele Teichbesitzer machen aber leider bei dem Einsatz von Teichpumpen den Fehler, die Pumpen wesentlich zu tief im Teich einzubringen. Alle modernen Teichpumpen sind heutzutage so konzipiert, dass sie ihre volle Leistung erbringen, sobald sie mit Wasser bedeckt sind. Es ist zwar nicht ratsam, die Pumpen derart flach einzusetzen, weil sie durch absinkenden Wasserstand Schaden durch Trockenlaufen nehmen könnten, aber generell wäre es möglich. Die beste Eintauchtiefe für Teichpumpen beträgt daher 30 bis 40 cm. Geht man mit der Pumpe in tieferes Wasser, hätte dies zwei gravierende Nachteile. Zum einen würden die weiter unten lebenden Mikroorganismen ständig durcheinander gewirbelt und könnten nur schwer ihrer eigentlichen Aufgabe nachkommen. Zum anderen kommt das gute, kühle und sehr sauerstoffreiche Teichwasser an die Oberfläche und wird mit sauerstoffärmeren Schichten gemischt. Die Folge wäre eine zu gleichmäßige Wassererwärmung. Da Sauerstoff ein gas-

Wasserbewegung über einen Bachlauf bringt große Mengen von Luftsauerstoff in den Teich

förmiger Stoff ist, entweicht er zusätzlich an der Wasseroberfläche, der Teich wird zwangsläufig sauerstoffarm – und das trotz Einsatz einer Pumpe!

Ein weiterer häufiger Fehler: Unterschätzen Sie nicht den nächtlichen Sauerstoffverbrauch in einem Teich! Es ist deshalb nicht ratsam, alle Sauerstoff produzierenden technischen Einrichtungen während der Nacht abzustellen.

Technische Sauerstoffspender

Teichbelüftungspumpen sind speziell entwickelte Pumpen, die – abhängig von ihrer Eintauchtiefe im Teich und ihrer Fördermenge – unterschiedliche Luftmengen einbringen. Die im Wasser stehende Pumpe zieht über ein aus dem Wasser ragendes Röhrchen Luft an und leitet sie über einen Ablaufstutzen an das Teichwasser weiter. Für Pumpen mit größerer Leistung gibt es einen Schlauch, der direkt am Saugstutzen installiert wird. Am anderen Ende des Schlauches befindet sich eine poröse Schwimmerkugel, die auf der Wasseroberfläche schwimmt. Vorteile dieses Systems: eine bessere Luftaufnahme und eine variable Eintauchtiefe der Pumpe durch den flexiblen Schlauch.

Unter den Fontänenaufsätzen oder Düsen eignet sich die **Schaumdüse** besonders gut als Sauerstoffspender. Sie produziert ein Wasserbild, das durch das Zusammenspiel von Wasser und viel Luft an eine kleine Fontäne aus Schaum erinnert. Diese Düsen werden in kleinerer Version aus Kunststoff, in der größeren auch aus Metall gefertigt. Ihre Spritzhöhe ist von der Pumpenleistung abhängig, außerdem kann man das Wasserbild selbst auch noch geringfügig verstellen. Sie müssen gelegentlich gereinigt werden, was aber einfach durchzuführen ist. Eigentlich sollte eine solche Düse in keinem Gartenteich fehlen. Von allen Wasserspielen wirkt sie optisch noch am natürlichsten. Diese Düse ist in ähnlicher Bauweise auch als Teichbelüfter

Luftmengenangaben von verschiedenen Belüfterpumpen

Pumpenleistung l/h	Ansaugtiefe cm	Luftmenge l/min	Luftmenge l/h
5 500	20	4,0	240
	40	3,5	210
	60	1,5	90
10 000	20	5,5	330
	40	5,0	300
	60	3,0	180
15 000	40	9,0	540
	60	8,5	510
	80	7,0	420
	100	5,0	300

Die Schaumdüse ist eine der dekorativsten und gleichzeitig sinnvollsten Wasserspiele

Die Fische fühlen sich in dem sauerstoffangereicherten Wasser sichtlich wohl

erhältlich. Die Luft, die die Schaumdüse bei jedem Wasserschwall mit anzieht, wird über einen seitlich angebrachten Stutzen an das Teichwasser abgegeben.

Aus der Aquariumtechnik sind so genannte **Membranpumpen** bekannt, mit deren Hilfe das Wasser mit Luft angereichert werden kann. Diese Technik hat man für die Teichbelüftung übernommen und Geräte entwickelt, die auch im Freien verwendet werden können. Aquariumgeräte sind für den Betrieb im Freien nicht geeignet! Diese Gartenteichbelüfter haben ein wasserdichtes Gehäuse und verfügen über ein 10 m langes, witterungsbeständiges Kabel. Zu diesen Geräten gehören ein 10 m langer, flexibler Klarsichtschlauch, ein Rückschlagventil und ein Ausströmer. Das Rückschlagventil verhindert, dass eventuell zurücklaufendes Wasser in die Membrane der kleinen Pumpe eindringen und diese zerstören kann. Aus Sicherheitsgründen sollte die Membranpumpe immer etwas höher als der Teichrand platziert werden. Der Ausströmer besteht oft aus poröser Keramik. Je feiner er ist, desto stärker perlt die Luft aus. Membranpumpen werden über einen kleinen Sicherheitstrafo mit Energie versorgt. Mit etwa 5 bis 8 W benötigen sie als „Dauerläufer" so gut wie keinen Strom und befördern dabei stündlich etwa 250 l Luft in den Teich. Das Rückschlagventil muss hin und wieder ausgetauscht werden und der Keramik-Ausströmer muss regelmäßig von anhaftenden Schmutzteilen befreit werden. Ansonsten arbeiten derartige Geräte wartungsfrei.

Für Koikarpfenteiche gibt es kleine **Kompressoren**, die große Luftmengen in das Wasser abgeben. Die Luft perlt bei ihnen durch eine am Schlauchende angebrachte Kugel aus, die in unterschiedlicher Porosität erhältlich ist. Für einen Gartenteich sollten keine stark porösen Ausführungen verwendet werden, da sonst durch die starke Luftbläschenbildung gleichzeitig das für die Wasserpflanzen so notwendige Kohlendioxid aus dem Wasser verdrängt wird. Bei einem Koikarpfenteich ist das kaum von Bedeutung, da sie ohnehin spärlich bepflanzt sind; hier kommt es hauptsächlich auf den Sauerstoffeintrag an.

Sauerstoffeintrag über Oxidatoren

Ein Oxidator ist ein Gerät, das ohne Schlauch- oder Kabelverbindungen auch unter einer geschlossenen Eisdecke in einem Gartenteich selbsttätig Sauerstoff produziert. Das Gerät selbst besteht aus einer Spezialkeramik und einem Katalysator. Betrieben wird es mit einer 6- bis 30-prozentigen Wasserstoffsuperoxid-Lösung. Die Sauerstoffproduktion erfolgt über die Reaktion von Wasserstoffsuperoxid mit der Spezialkeramik mit Hilfe eines Katalysators. Dabei wird das Wasserstoffsuperoxid (H_2O_2) zu Wasser und Sauerstoff abgebaut. Der erzeugte Sauerstoff wird nahezu vollständig und fast ohne Bläschenbildung an das Wasser abgegeben. Die Vorteile: Der Prozess erfolgt lautlos, die Gefahr von austreibendem Kohlendioxid ist ausgeschlossen und Ablagerungen am Teichboden werden nicht aufgewirbelt. Die locker an das Wassermolekül gebundenen Sauerstoffatome verteilen sich rasch und erreichen damit zügig alle strömungsfreien Winkel und Nischen in einem Gartenteich. Der Sauerstoffvorrat in 1 l einer 30-prozentigen Wasserstoffsuperoxid-Lösung entspricht der Menge, die in etwa 20 000 l Wasser gelöst ist. Die Menge des freigesetzten Sauerstoffs ist abhängig vom Bedarf des Gewässers. Das bedeutet, dass sich bei einem Anstieg der Wassertemperatur um 8 °C die Sauerstoffproduktion über den Oxidator nahezu verdoppelt. Das untergetauchte Gerät schwimmt auf, wenn das Wasserstoffsuperoxid aufgebraucht ist. Die Nutzungsdauer beträgt im Sommer etwa zwei Monate, im Winter rund sechs Monate. Der Jahresbedarf an Wasserstoffsuperoxid beträgt bei durchgehendem Betrieb ungefähr drei bis vier Liter. Für den Betrieb in Gartenteichen wird ein Gerät eingesetzt, das für maximal 4 m^3 Teichinhalt reicht. Dies ist sicherlich nicht besonders groß, man kann aber mehrere Geräte gleichzeitig einsetzen. Den Oxidator und die Wasserstoffsuperoxid-Lösung kann man im Teichzubehör-Handel erwerben. Wasserstoffsuperoxid erhalten Sie auch in jeder Apotheke. Bei der Anwendung ist jedoch Vorsicht geboten: Die Chemikalie darf niemals, auch nicht in geringsten Mengen, ohne den Oxidator in das Teichwasser gelangen, da sie ätzend wirkt! Die Anwendungs- und Dosierhinweise sind genauestens zu befolgen.

Sauerstofftabletten

Im Aquaristikhandel erhalten Sie Sauerstofftabletten, die Sie bei Notfällen dem Teichwasser zusetzen können. Die Sauerstofftabletten fangen sofort nach dem Wasserkontakt heftig zu sprudeln an und setzen dabei Sauerstoff frei. Diese „Notlösung“ wirkt nur sehr kurzfristig auf das Teichwasser ein. Der eigentlichen Ursache des plötzlich auftretenden Sauerstoffmangels ist in jedem Fall nachzugehen.

Sauerstoffeintrag durch Pflanzen

Es gibt eine Vielzahl von Unterwasserpflanzen, die in einem Teich in den unterschiedlichsten Wassertiefen wachsen und über ihre Blätter Sauerstoff an das Teichwasser abgeben. Bei Sonnenschein kann man das sehr gut beobachten, wenn silbrig scheinende Sauerstoffperlchen an der Blattunterseite hängen und in regelmäßigen Abständen an das Wasser abgegeben werden. Eigentlich gibt es keinen natürlicheren Sauerstoffspender als Unterwasserpflanzen, aber viele Gartenteichbeitzer haben das leider noch nicht erkannt und umgesetzt. Ausbreitung, Vermehrung und Sauerstoffproduktion sind von der gewählten Pflanzenart, den Standortbedingungen und der Wasserqualität abhängig. Einem Teichbesitzer kann man daher nur raten, ein breites Spektrum an Unterwasserpflanzen einzusetzen und so die bewährtesten für seine Anlage herauszufinden.

Es gibt Pflanzen, die sich teppichartig auf dem Teichboden ausbreiten, andere scheinen geradezu durch das Wasser zu schweben. Nur wenige Arten blühen auffällig, die meisten schieben ihre kleinen, unscheinbaren Blüten bis zur Wasseroberfläche oder auch leicht darüber hinaus. Während der Hauptsaison für Wasserpflanzen in den Monaten Mai bis August werden Unterwasserpflanzen in vielen Fachgeschäften angeboten. Sie liegen dann in kleinen Bündeln zusammengefasst in Wasserbecken oder lose in wassergefüllten Plastikschalen. Sie sind sehr preiswert und müssen nur in den Teich eingebracht werden. Die Bündelware der Unterwasserpflanzen wird häufig mit einem kleinen Bleiband zusammengehalten, damit diese durch das Gewicht nach unten gezogen werden

Die filigrane Wasserfeder schätzt weiches Wasser und bleibt im Winter grün

Hat die Wasserpest erst einmal Fuß gefasst, wuchert sie stark

Sauerstoff spendende Unterwasserpflanzen

Botanischer Name	Deutscher Name	Wassertiefe (cm)
Callitriche palustris	Sumpf-Wasserstern	40– 60
Ceratophyllum demersum	Raues Hornblatt	50–100
Ceratophyllum submersum	Zartes Hornblatt	50–100
Eleocharis acicularis	Nadel-Sumpfsimse	20– 80
Elodea canadensis	Kanadische Wasserpest	50–100
Groenlandia densa	Dichtblättriges Fischkraut	40– 70
Hottonia palustris	Europäische Wasserfeder	20– 40
Myriophyllum spicatum	Ähriges Tausendblatt	50– 80
Myriophyllum verticillatum	Quirliges Tausendblatt	50– 80
Potamogeton crispum	Krauses Laichkraut	40– 70
Potamogeton lucens	Glänzendes Laichkraut	50– 90
Potamogeton perfoliatus	Durchwachsenes Laichkraut	50–100
Ranunculus circinatus	Spreizender Wasser-Hahnenfuß	50– 80
Ranunculus fluitans	Flutender Wasser-Hahnenfuß	50– 80
Statiotes aloides	Krebsschere	40–120
Utricularia vulgaris	Wasserschlauch	50–120

und nicht auf der Wasseroberfläche schwimmen. Sie haben anfangs in der Regel keine Wurzeln, diese bilden sich bei richtigen Wuchsbedingungen aber rasch.

Bei den Unterwasserpflanzen gibt es Arten mit explosionsartiger Vermehrungsrate, die dem Besitzer rasch zuviel werden. Diesen Pflanzenüberhang können Sie mit Hilfe eines Kunststoffrechens leicht entfernen und eventuell an dankbare Gartennachbarn abgeben. Bei leicht kalkhaltigem Teichwasser wachsen leider sehr gerne Fadenalgen in die Unterwasserwasserpflanzen hinein und können kaum noch voneinander getrennt werden. Hier hilft nur ein vorsichtiges Entfernen, damit die von Algen befreiten Pflanzen wieder in den Teich gesetzt werden können. Oben stehend sind die bekanntesten und im Fachhandel erhältlichen Unterwasserpflanzen unter Angabe der für sie idealen Wassertiefe zusammengestellt.

Sauerstoffzufuhr im Winter

Eisfreihalter

Dieses einem Toilettensitz ähnelnde Gerät ermöglicht die Sauerstoffeinbringung beziehungsweise den Gasaustausch des Teichwassers im Winter. Bei strengen Wintern ist die Teichoberfläche für einen längeren Zeitraum durch eine mehr oder minder starke Eisdecke versiegelt. Nicht selten bilden sich im Winter Eisdecken von mehr als 50 cm Stärke, womit den Teichbewohnern von Gewässern mit einer maximalen Tiefe von 80 cm dann nur noch ein sehr begrenzter Lebensraum bleibt. Ohne Eisfreihalter können dann aufsteigende, giftige Faulgase aus dem Teich nur unzureichend entweichen, was den sicheren Tod für viele Lebewesen bedeutet.

Ein technisch einwandfreier Eisfreihalter besteht aus mehreren Teilen aus Hartstyropor. Den unteren Teil bezeichnet man als Schwimmkörper, der über eine Reihe von Kammern verfügt, die beispielsweise mit Kies beschwert werden können. Hierdurch reguliert man die Eintauchtiefe des Geräts. Der obere Teil ist ein mit Entlüftungsschlitzen versehener Deckel, der passgenau auf dem unteren Teil sitzt, ohne die Entlüftung zu behindern. Das leichte Styroporgerät wird durch die leiseste Windbewegung immer an die seichteste Stelle des Teiches getrieben. Hier hilft nur ein selbst gebastelter Anker aus Steinen und Schnüren, denn ein Eisfreihalter sollte immer über der tiefsten Stelle eines Teiches liegen. Spätestens ab September sind Eisfreihalter der unterschiedlichsten Firmen auf dem Markt. Leider denkt zu diesem Zeitpunkt noch kein Mensch an den Kauf eines derartigen Gerätes, geschweige denn an dessen Installation. Vielen gefallen sie auch ganz einfach nicht. Der Hauptumsatz mit Eisfreihaltern beginnt dann, wenn es schon fast zu spät und der Teich zum ersten Mal zugefroren ist.

Viele Leute beschweren sich im Frühjahr, dass der Eisfreihalter nicht den gewünschten Erfolg gebracht hat. Dies liegt meistens daran, dass sie sich nicht die Mühe gemacht haben, die Gebrauchsanleitung dazu durchzulesen. Die richtige Eintauchtiefe und Verankerung des Eisfreihalters sind für die Funktionstüchtigkeit notwendig. Sollte sich nun vor dem geplanten Einsatz doch schon eine Eisschicht gebildet haben, so können Sie immer noch reagieren. Auf keinen Fall darf das Eis mit Gewalt zerschlagen werden. Auch Bohren oder Sägen verursacht unnötigen Lärm und sollte besser unterlassen werden. Hierdurch entwickeln sich enorme Schallwellen, die die bereits in

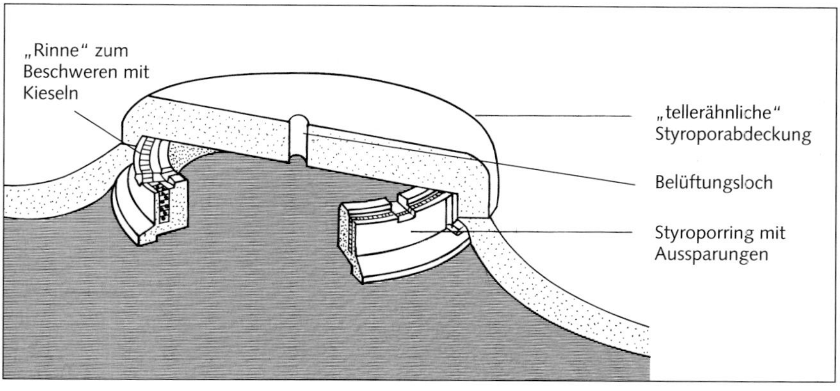

Der Eisfreihalter muss rechtzeitig im Herbst auf dem Teich platziert werden

Winterruhe befindlichen Fische und andere Teichbewohner stark stören. Die Tiere würden in ihrem ohnehin schon beengten Lebensraum aufschwimmen, an der Unterfläche des Eises fest frieren und zugrunde gehen. Mit Hilfe eines alten Kochtopfs, den man mit kochendem Wasser füllt und auf die Eisfläche stellt, lässt sich bequem und geräuschlos ein nachträgliches Loch in die Eisdecke einfügen, in das der Eisfreihalter hinterher passt. Funktion und Installation eines Eisfreihalters sind aus der nebenstehenden Zeichnung ersichtlich.

Achtung, „falsche" Einfreihalter!
Auf dem Markt befinden sich aber auch Modelle von Eisfreihaltern, die nicht empfehlenswert sind. Sie können dem Teich und vor allem seinen Bewohnern eher schaden. Diese Geräte bestehen aus einem Styroporteller mit einem Durchmesser von etwa 20 cm. Er ist über einen dünnen Klarsichtschlauch mit einer Teichpumpe (Fördermenge: 500 bis 600 l/h) verbunden. Die Pumpe ist zum Schutz vor stärkerer Verschmutzung in einen würfelförmigen Filterschwamm eingebaut. Sie fördert ständig wärmeres Wasser vom Teichboden nach oben, das dann über den Styroporteller ausströmt und diesen nicht einfrieren lässt. Dadurch wird die vormals wärmere Wasserschicht am Teichboden durch immer kälteres Wasser ersetzt. Dieses System verursacht nachhaltige Schäden, weil es zu einer absoluten Unterkühlung des gesamten Teichwassers führt. Bei einem technisch ausgereiften Eisfreihalter ohne Pumpe bleibt im Winter die natürliche Temperaturschichtung des Teichwassers erhalten, weil es zu keiner Durchmischung kommt.

Teichheizer

Anstelle eines Eisfreihalters kann auch ein Teichheizer eingesetzt werden. Mit seiner Hilfe wird an einer bestimmten Stelle im Teich das Wasser eisfrei gehalten. Der Durchmesser der eisfreien Stelle ist abhängig von der Umgebungstemperatur sowie der Wattzahl des eingesetzten Geräts, bestehend aus einem Edelstahl-Heizstab von 25 cm Länge. Dieser ist in einen Schwimmkörper aus Styropor eingebettet, der eine konstante Eintauchtiefe gewährleistet. Erhältlich ist er als 100-, 200- und 300-W-Ausführung. Aufgrund der lokalen Erwärmung und der absolut geräuschlosen Arbeitsweise des Teichheizers wird der natürliche Lebensrhythmus der Teichbewohner nicht beeinträchtigt. Die Geräte besitzen ein 10 m langes Kabel. Die nicht unbeträchtlichen Energiekosten des Gerätes können über ein Zusatzgerät in Grenzen gehalten werden. Ein **Frostwächter** steuert über einen externen Temperaturfühler den Betrieb des Teichheizers. Das Gerät schaltet sich automatisch bei Minustemperaturen ein und bei Plustemperaturen wieder ab. Der Frostwächter hat einen Anschlusswert für maximal 300 W und eine Kabellänge von 7 m. Der Temperaturfühler ist mit einem 5 m langen Fühlerkabel und einem Erdspieß versehen. Er sollte immer an der exponiertesten und damit kältesten Stelle platziert werden, damit sich bei Minusgraden der Teichheizer sofort anstellen kann.

Praktisches Zubehör für den Gartenteich

Mit den vorgestellten Gerätschaften können Sie den optischen Eindruck Ihres Teiches verändern oder sich bei anfallenden Arbeiten am und im Teich das Leben erleichtern. Nicht alles, was der Markt dazu hergibt ist sinnvoll; daher sollten Sie selber die Notwendigkeit des jeweiligen Zubehörteils für Ihren Gartenteich abwägen.

Pflanzmatten, Pflanztaschen, Teichrandmatten

Bei Teichen mit steilen Uferwänden stören oft nackte Folien- oder Kunststoffwände. Da auf steilen Wänden auch keine Aufschüttungen von Kies oder Steinen halten, können diese Kahlstellen mit Hilfe von Matten nachträglich kaschiert werden. Diese Matten gibt es aus schwarzem gekräuseltem Kunststoff oder als natürliches Kokosgeflecht. Sie sind in der Regel 1 m breit und müssen so befestigt werden, dass sie im Wasser nicht aufschwimmen und am Teichrand nicht mit dem gewachsenen Boden in Kontakt kommen. Hierdurch würde sofort eine enorme Dochtwirkung einsetzen, die zu großem Wasserverlust im Teich führt (siehe Seite 67ff.). Die Matten erhält man auch in Taschenform, die man sehr gut mit Steinen beschweren oder mit Wasserpflanzen bestücken kann.

Für die Bepflanzung steiler Randzonen kann man Pflanztaschen aus Kokosfaser verwenden

Pflanzkörbe für Wasserpflanzen

Sofern Sie Wasserpflanzenkörbe im Gartenteich unauffällig platzieren können, lassen sich Wasserpflanzen schon mal an schwierig zu bepflanzende Stellen einbauen. Man könnte die Bepflanzung in Körben als eine Art „Bonsaihaltung" von Wasserpflanzen bezeichnen, da sie sich im Korb bedeutend langsamer ausbreiten als bei einer direkten Auspflanzung. Bei kleinen Teichanlagen und wuchernden Wasserpflanzen ist das eine sehr sinnvolle Lösung.

Die Körbe erhält man aus schwarzem Kunststoff in unterschiedlichen Formen, teilweise sogar in angepassten Formen für Fertigbecken – je feinmaschiger, desto besser. Eine andere Vari-

Pflanzkörbe sind zwar nicht schön, aber sie dämmen das Wuchern von Teichpflanzen ein

Ein Laubschutznetz hilft die herbstlichen Nährstoffeinträge durch Laub einzudämmen, sofern es nicht auf der Wasseroberfläche aufliegt

ante besteht aus vorgeformten und mit Latex verfestigten Teichkörben. Allerdings gilt auch hier: Je weniger man davon hinterher sieht, desto natürlicher wirkt der Teich. Entscheidend ist nun das Pflanzsubstrat im Korb. Von den zahlreich angebotenen Teicherden sollten Sie eher Abstand nehmen, sie führen zu einer ungewollt starken Nährstoffanreicherung mit den bereits beschriebenen Problemen im Teich. Eine Sand-Kies-Mischung reicht für die Pflanzen vollkommen aus, da sie beim Kauf ohnehin über einen kleinen Erdballen verfügen. Der kurzfristige Mangel an notwendigem Dünger wird rasch über die frei verfügbaren Nährstoffe aus dem Teichwasser behoben.

Will man auf Pflanzkörbe vollkommen verzichten, kann man die in 9-cm-Töpfen gekauften Wasserpflanzen austopfen und den Pflanzenballen einfach in Jutegewebe einwickeln. Das Jutegewebe erhält man in Baumschulen, die es zum Ballieren ihrer Gehölze benötigen. Es gibt auch Wasserpflanzentüten aus einem Kunststoffgewebe, die Sie für den selben Zweck verwenden können. Beide haben den Vorteil, dass die Erde kaum ausgeschwemmt wird und die Netze im Teich praktisch unsichtbar sind. Beide werden von den Pflanzen problemlos durchwurzelt.

Laubschutznetze

Teiche, bei denen herbstlicher Laubfall eingetragen wird, können von diesem unerwünschten Segen mit Hilfe von Schutznetzen weitgehend befreit werden. Hier sollten Sie von einfach verarbeiteten, billigen Netzen Abstand nehmen. Ebenso ungeeignet sind so genannte Vogelschutznetze, da sie zu grobmaschig sind und für diesen Einsatz zu schnell zerreißen. Bedeutend haltbarer sind mehrfach verkettelte Netze. Zu einem Teichnetz gehören Verankerungshaken, mit deren Hilfe das Netz am Teichrand befestigt wird. Bei sehr großen Netzen lohnt sich eine zusätzliche Verspannung mit unter dem Netz eingezogenen Drähten, die ein Durchhängen des Netzes in das Teichwasser verhindern. Das angesammelte Laub muss immer wieder vom Netz entfernt werden. Hängt das Netz durch hohes Gewicht stark durch, ist es nur noch sehr schwer von der Teichoberfläche zu entfernen. Mit dem Laubschutznetz verhält es sich ähnlich wie mit dem Eisfreihalter – es kommt darauf an, dass es frühzeitig genug eingesetzt wird. Die Haupteinsatzzeit ist von September bis November, dann kann man es wieder entfernen. Man erhält die Netze in allen gängigen Teichgrößen; gut sortierte Fachmärkte bieten die Netze auch als Rollenware an.

Teichkescher

Kescher gibt es in den unterschiedlichsten Ausführungen; je nach Verwendungszweck sollte ein Teichbesitzer zumindest zwei verschieden Typen haben. Besonders wichtig ist ein Kescher zum Abfischen von Laub und Schmutzteilen. Hierbei handelt es sich um besonders große, dabei aber flach gebaute, feinmaschige Netze. Über einen Teleskopstiel aus Aluminium können Sie eine variable Stiellänge einstellen. Zum Fischfang eignen sich Kescher in Dreiecksform besonders gut, sie sind grobmaschiger und tiefer gebaut als die Schmutzfangnetze.

Teichschere, Teichzange, Fadenalgenentferner

Diese drei Geräte sind der „verlängerte Arm" des Teichbesitzers. Mit der **Schere** können abgestorbene Pflanzenteile von Wasserpflanzen im Teich abgeschnitten werden. Die **Teichzange** ähnelt einem Müllgreifer; mit ihr lassen sich freischwimmende Gegenstände wie lose Blätter mühelos aus dem Teich entfernen. Die 1,25 m langen Arbeitsstiele ermöglichen ein Arbeiten aus größeren Entfernungen. Eine Neuheit stellt sicherlich der **Fadenalgenentferner** dar. Durch eine am oberen Ende angebrachte Kurbel können Sie eine stumpfe Gabel um ihre eigene Achse drehen und so Fadenalgen einfach aufwickeln. Dies ist besonders beim Entfernen von Fadenalgen in Teichmitte hilfreich; so brauchen Sie nicht selbst in den Teich einzusteigen.

Wasserstandsregler

Die Wasserqualität bei kleinen Fertigbecken mit einem Inhalt von weniger als 2 m^3 kann schon bei geringen Verdunstungverlusten ernsthaft gefährdet sein. Da ausgerechnet in diesen „Wasserbehältern" oft Fische gehalten werden, kann es schnell zur Katastrophe kommen, wenn nicht rechtzeitig Wasser nachgefüllt wird. Besonders in der Urlaubszeit, wenn nicht täglich der Wasserstand kontrolliert werden kann, ist die Anschaffung eines Wasserstandsreglers sinnvoll. Dieses Gerät wird direkt an der Wasserleitung mit einem ¾-Zoll-Anschluss befestigt und füllt über einen Schwimmer – ähnlich dem Innenleben einer Toilettenspülung – frisches Wasser nach.

Das Gerät eignet sich nicht für Folienteiche.

Reiherschutz
In ländlichen Gebieten muss man häufiger mit Fischreiherbesuch am Teich rechnen, der sich – nicht gerade zur Freude des Teichbesitzers – an den Fischen labt. Neben einer **Fischreiher-Attrappe** aus Kunststoff, über deren Zierwert am Teich man sich streiten könnte, können Sie auf praktische Weise den ungebetenen Gast vertreiben: Installieren Sie einen **Bewegungsmelder**, der einen Regner kurzfristig anlaufen lässt. Der unerwartete Sprühregen quer über den Teich verscheucht den Reiher sofort. Leider kann das Gerät nicht zwischen Reiher und Mensch unterscheiden, sodass eine gelegentliche Dusche bei aktiviertem Bewegungsmelder mit einzukalkulieren ist.

Lockenten
Ob Enten aus Kunststoff, als Erpel, weibliches Tier, mit und ohne Kinder, verschiedene Arten imitierend oder als Tauchente, der Markt gibt alles her. Eigentlich passen sie auf einem Teich, denn sie sind täuschend echt nachgemacht. Früher wurden diese Attrappen als Lockvogel zur Entenjagd eingesetzt. Leider haben sich das aber die wenigsten Teichbesitzer im Vorfeld überlegt – und sind mit der Wirkung alles andere als zufrieden. Ein „echtes" Entenpaar löst in einem Gartenteich aber eine wahre Katastrophe aus, denn sie gründeln, wühlen den Teichboden auf, fressen kleinere Fische und vernichten alle für sie schmackhaften Wasserpflanzen. Der Teich sieht nach einem Entenbesuch fürchterlich aus. Wenn Wildenten in Ihrem Umkreis vorkommen, sollten Sie also auf Lockenten als Zierrat in Ihrem Teich verzichten. Die ansonsten recht scheuen Gesellen sind während der Paarungszeit alles andere als wählerisch und suchen sich auch schon mal einen Zierteich als neues Domizil aus.

Ein Besuch von Wildenten auf dem Teich hat meist fatale Folgen

Pflanzen und Tiere im Gartenteich

Die richtige Bepflanzung

Alle im Teich vorkommenden Pflanzen teilt man nach ihren Standortansprüchen bezüglich der Wassertiefe ein. Obwohl eine Vielzahl von Uferrand- und Wasserpflanzen bekannt ist, bewegt sich das Sortiment in Fachmärkten oder Gartencentern bei etwa 80 verschiedenen Arten. Hinzu kommt dann noch eine Vielzahl an Seerosen-Sorten in den unterschiedlichsten Blütenfarben, -formen und Wuchsgrößen.

Jeder Teich sollte eine möglichst hohe Artenvielfalt an Wasserpflanzen aufweisen. Bei der Pflanzenauswahl müssen Sie sehr umsichtig vorgehen: Welche Pflanzen Sie wo platzieren, ist neben den Standortansprüchen auch von der Größe eines Teiches abhängig. Viele Wasserpflanzen sind für die häufig recht kleinen Teichanlagen absolut ungeeignet, weil sie einfach zu stark wachsen. Ein typischer Fehler ist hier das Einsetzen von Rohrkolben (*Typha angustifolia*) oder Schilf (*Phragmites australis*). Eine genaue Kenntnis der Wuchseigenschaften von Wasserpflanzen ist daher wichtig. Seerosen wie *Nymphaea alba* produzieren in kürzester Zeit armdicke Wurzeln. Ebenso falsch ist das Einsetzen gleich mehrerer Seerosen in einen Teich. Ausnahmen bilden hier nur extrem schwach wachsende Sorten („Zwergseerosen"), von denen es einige auf dem Markt gibt, die aber nicht immer vorrätig sind (siehe Bezugsquellen Seite 125).

Für ein optimales Wachstum von Wasserpflanzen ist die Einhaltung der entsprechenden Wassertiefe sowie der Wasserqualität von Bedeutung. Beim Kauf von Wasserpflanzen sollte man darauf achten, dass die Pflanzen mit einem Etikett versehen sind, auf dem die Ansprüche und das Wuchsverhalten der Pflanze erklärt sind. Vielen Teichbesitzern ist bewusst, dass sich Wasserpflanzen schon in kurzer Zeit sehr stark ausbreiten können und gehen daher bei der Erstbepflanzung sparsam damit um. Dies ist weder der Optik noch der Wasserqualität dienlich; besser wäre hier die Pflanzung schwach wüchsiger, dafür aber genügend Wasserpflanzen. Bei einem fertig gestalteten Teich sollte die Bepflanzung zur freien Wasserfläche in einem Verhältnis 2:1 stehen. Das bedeutet, dass $^{2}/_{3}$ der Teichfläche bepflanzt sein sollen, $^{1}/_{3}$ als freie Wasserfläche (einschließlich der Seerose) sichtbar bleiben soll.

Wasserpflanzentypen und ihre Wassertiefen

Sumpfpflanzen	0–10 cm
Seichtwasserpflanzen	20–30 cm
Tiefwasserpflanzen	40–80 cm
Unterwasserpflanzen	ab 50 cm
Seerosen	30–120 cm
Schwimmpflanzen	ab 20 cm

Probleme mit Wasserpflanzen

Hilfe, mein Teich quillt über!

Besteht ein Teich schon seit mehreren Jahren, so können stark wüchsige Wasserpflanzen schwächer wachsende einfach unterdrücken, so dass diese sukzessive aus dem Teichumfeld verschwinden. Verursacher sind Rohrkolben-Arten, Schilf-Arten, Binsen und andere Wassergräser. Sie können so stark wachsen, dass ein Teich innerhalb von zwei bis drei Jahren nur noch aus derartigen Pflanzen besteht. Hier hilft dann nur eine umfassende Entfernung aller unerwünschten Pflanzen (siehe auch Seite 55f.).

Meine Seerose blüht nicht

Um gedeihende und üppig blühende Seerosen zu erhalten, müssen Sie bei der Wahl, Platzierung und Pflanzung einige „Spielregeln" einhalten. Darüber hinaus sollten Sie Enttäuschungen vorbeugen und vom Kauf exotischer Sorten Abstand nehmen. Denn unter dem großen Angebot werden inzwischen auch in unseren Breitengraden nicht winterharte Sorten angeboten, die im darauf folgenden Jahr weder austreiben geschweige denn zur Blüte kommen. Sie können diese Sorten nur kultivieren, wenn Sie über eine Teichheizung oder eine andere Überwinterungsmöglichkeit verfügen.

Die Blühwilligkeit einer Seerose variiert von Sorte zu Sorte und ist zudem an ein paar wenige, aber wichtige Bedingungen geknüpft. Neben möglichen Fehlern, die beim Pflanzen von Seerosen gemacht werden können, gibt es auch schädigende Organismen (siehe Seite 106), die die Blütenbildung verhindern können.

Standort und Klima

Keine Seerosen-Sorte toleriert auf Dauer ständige Wasserbewegung. Am übelsten nimmt sie Wasser, das über

Dieser Teich ist inzwischen zu stark bewachsen

Der Korb für die Seerose sollte nicht zu klein bemessen sein

Was wäre eine Seerose – hier die Sorte 'Colossea'– ohne Blüte?

eine Fontäne permanent auf ihre Schwimmblätter prasselt. Sie blüht dann nicht und im schlimmsten Fall zieht sie sich ganz zurück.

Unter der Vielzahl der Sorten gibt es schwach und stark wachsende Sorten, was gleichzeitig deren Pflanztiefe im Teich bestimmt. Wird eine schwach wachsende Sorte in zu tiefes Wasser eingebracht, so benötigt sie viel Zeit, um mit ihren Schwimmblättern an die Wasseroberfläche zu gelangen, aber ohne Blätter blüht sie nicht. Im umgekehrten Fall produziert eine stark wachsende Seerose in zu flachem Wasser Unmengen von neuen Blättern, die sich zu einem salatkopfähnlichen Gebilde mit ganz wenigen Blüten auftürmen. Entfernt man den Überhang an Blättern und setzt die Pflanze gleichzeitig in eine tiefere Wasserzone, wird sie bereitwillig blühen. Frisch gepflanzte Seerosen benötigen in der Regel zwei bis drei Jahre, bevor sie sich richtig entwickeln und regelmäßig blühen. Sie lieben einen sonnigen Standort und warmes Wasser.

Wenn sich Blätter und Neutriebe nicht vollständig entwickeln, Blütenknospen geschlossen bleiben, vergilben und vorzeitig absterben, ist das auf Kälteeinbrüche während der Vegetationszeit zurückzuführen. Die Symptome verschwinden bei anhaltend warmer Witterung schlagartig; Sie müssen aber mit einer verspäteten Seerosenblüte rechnen.

Pflanzvorgang und -zeitpunkt

Beim Kauf von Seerosenpflanzen müssen Sie darauf achten, dass der Wurzelstock (das Rhizom) mit ausreichend Neutrieben (Augen) besetzt ist. Von in kleinen Töpfen stehenden Pflanzen mit Minimalaustrieb und bereits angefaultem Rhizom sollten Sie besser Abstand nehmen. Die Wurzel einer Seerose muss sich frei entfalten können. Leider werden die Pflanzen aus

Leider ist die Wasserhyazinthe bei uns nicht winterhart

Angst vor starker Wurzelbildung sehr gerne in geschlossene Eimer gepflanzt. Dort verfaulen sie regelrecht und kommen niemals zur Blüte.

Verwenden Sie deshalb Pflanzkörbe, die in verschiedenen Ausführungen und Größen erhältlich sind (siehe Seite 97f.). Eingelegtes Zeitungspapier oder Jutegewebe hilft gegen Abschwemmen des Korbsubstrates und ermöglicht trotzdem das Durchwurzeln der Seerosenrhizome. Sie können mit Pflanzkörben die Seerosen besser in Zaum halten, müssen jedoch mit einer reduzierten Blütenentwicklung rechnen. Besitzen Sie einen ausreichend großen Teich oder schwach wachsende Seerosen, sollten Sie sie ohne Pflanzkorb in den Teich einsetzen, damit sie üppiger blühen.

Die beste Pflanzzeit ist im Herbst (Mitte September bis Frostbeginn), weil die bereits teilweise oder ganz eingezogene Seerose dann sofort in die für sie richtige Wassertiefe abgesenkt werden kann. Trotz zurückgehender Aktivität kann die Pflanze noch Wurzeln bilden und gut entwickelt in die Winterruhe übergehen. Bei der Frühjahrspflanzung (Mai/Juni) sollte die Pflanze zum Schutz der bereits ausgebildeten Blätter schrittweise abgesenkt werden, damit die Blattstängel ihre Länge dem Wasserstand anpassen können. Ein nährstoffarmes Handelsprodukt oder aber ein eigenes Sand-Lehm-Gemisch reichen vollkommen aus. Obwohl Seerosen einen hohen Nährstoffbedarf haben, sollten Sie sie auf keinen Fall düngen.

Wohin mit tropischen Schwimmpflanzen?

Vielen der im Handel angebotenen Schwimmpflanzen stammen aus tropischen Klimagebieten und können deshalb bei uns nicht im Freien überwintert werden. Die meisten Arten leiden schon bei Temperaturen knapp über dem Gefrierpunkt, Frost verträgt keine von ihnen. Möchte man einen Teil der Pflanzen über den Winter retten, so hilft nur eine Überwinterung in einem Aquarium. Neben einer gleichmäßigen Wassertemperatur von mindestens 22 °C muss ausreichend Licht zur Verfügung stehen. Als Lichtquelle ist am ehesten ein Pflanzenstrahler geeignet, wie er auch als Assimilationslicht für Zimmerpflanzen verwendet wird. Fische sollten in diesen Überwinterungsaquarien nicht zusätzlich gehalten werden. Die Schwimmpflanzen werden hier gelegentlich mit einer schwachen Düngerlösung versorgt, weil in dem Aquarienwasser nur unzureichende Nährstoffmengen gelöst sind und die Pflanzen sonst buchstäblich verhungern. Stark wachsende Pflanzen versiegeln rasch die Wasseroberfläche des Aquariums, in diesem Fall sollten Sie eine Belüfterpumpe einsetzen.

Ob sich die Überwinterungsmaßnahme wirklich lohnt, muss jeder für sich entscheiden, denn sie ist kostenintensiv und arbeitsaufwändig. Im späten Frühjahr des kommenden Jahres kann man diese Pflanzen wieder preiswert nachkaufen.

Schädlinge und Krankheiten bei Wasserpflanzen

Auch vor Wasserpflanzen machen gefräßige Insekten oder deren Entwicklungsstadien nicht Halt. Besonders gefährdet sind geschwächte Pflanzen: Je optimaler der Pflanzenwuchs, desto unwahrscheinlicher ist ein Befall mit Schädlingen. Eine Bekämpfung mit chemischen Mitteln ist in den meisten Fällen so gut wie ausgeschlossen, da dies alle anderen Teichbewohner schädigen würde. Dies betrifft auch die biologischen Spritzmittel auf Pyrethrumbasis. Auf Warmblüter und somit auch auf den Menschen haben solche Präparate eine nur sehr geringe toxische Wirkung. Als Spritzmittel für Gartenteiche dürfen sie aber keinesfalls angewendet werden, da sie sich auf Kaltblüter und somit auf Fische massiv auswirken. Häufig reichen dann schon geringe Dosierungen, die als Abdrift vom Spritzen in den Teich gelangen. Mechanische Bekämpfungsmaßnahmen sind einer Spritzung in jedem Fall vorzuziehen. Ist eine Spritzung unvermeidlich, ist die Auswahl möglicher Präparate sehr stark eingeschränkt und immer nur unter Vorbehalt zu empfehlen. Nachfolgend eine kleine Auswahl möglicher Präparate, die hierfür empfohlen werden können. Beachten Sie die aktuellen Zulassungsbestimmungen, die Sie beim zuständigen Pflanzenschutzamt erfragen können.

Tierische Schädlinge

Lilienhähnchen

Dies ist zwar kein typischer Wasserpflanzen-Schädling, dennoch sollten Sie ihn kennen, denn er befällt gerne Pflanzen wie Lilien, Kaiserkronen und andere Zwiebelpflanzen, die als Frühblüher gerne in Teichrandnähe gepflanzt werden. Der hübsche rote, etwa 6 bis 7 mm große Käfer schädigt Knospen und Blätter durch Lochfraß. Er legt seine Eier in Reihen auf der Blattunterseite der Pflanzen ab. Die ab Mai schlüpfenden Larven sind sehr gefräßig. Die einfachste Art der Bekämpfung ist das Absammeln der Käfer, bevor sie zur Eiablage kommen.

Das Lilienhähnchen befällt gerne Pflanzen, die am Teichrand wachsen

Marmorierter Zwergrüssler
Wenn die Blütenstände des Blut-Weiderichs (*Lythrum salicaria*) eigenartige schwarze Flecken bekommen, dann sollten Sie sie eingehend auf Schädlingsbefall untersuchen. Bei genauem Hinsehen können Sie lebhafte, kleine Lebewesen ausmachen, die kaum größer als eine Blattlaus sind. Durch ihren enormen Bewegungsdrang merkt man jedoch schnell, dass sie mit den trägen Läusen wenig gemeinsam haben. Mit einer stärkeren Lupe lässt sich der Verursacher, der Marmorierte Zwergrüssler (*Nanophytes marmoratus*), in Färbung und Gestalt gut erkennen. Als einzig wirksame Bekämpfungsmaßnahme bleibt Ihnen nur, die Tiere abzusammeln und befallene Pflanzenpartien zu entfernen.

Schmetterlingsraupen
Bei einem Kontrollgang am Teich kann es vorkommen, dass Sie die Blätter vom Rohrkolben, den Simsen und auch Schwertlilien an ihren Rändern vollkommen ausgefranst vorfinden. Trotz näherer Untersuchung findet man aber keine Schnecken, Käfer oder andere Schadinsekten. Verursacher ist die kleine Raupe *Archanara algae* mit einer nahezu perfekten Tarnfarbe. Das gefräßige Tier stammt von einem **nachtschwärmenden Falter**, der seine Eier im zeitigen Frühjahr ablegt. Die schlüpfenden Raupen sind im August ausgewachsen und verpuppen sich. Als Bekämpfungsmaßnahme kann nur das Absammeln der schwer zu findenden Raupen oder der Einsatz eines von der Biologischen Bundesanstalt (BBA) zugelassenen Raupenspritzmittels empfohlen werden.

Eine der hartnäckigsten Schädlinge bei Seerosen und anderen Schwimmblattpflanzen ist der **Seerosenzünsler**. In den Sommermonaten kann er als kleiner nachtschwärmender Falter bereits in den frühen Abendstunden beobachtet werden. Seine Raupen bedienen sich einer besonderen Tarnung: Sie schneiden kleine ovale Gewebestücke aus den Blättern, spinnen sich in diese ein, treiben als „Miniboot" auf der Wasserfläche umher und fressen andere Pflanzenteile an. Entsprechend ihrer eigenen Entwicklung bauen sie sich immer neue Schiffchen, bis sie sich letztendlich verpuppen. Während eines Sommers können sich gleich mehrere Generationen entwickeln. Auf ihrem Speiseplan stehen neben Schwimmblattpflanzen auch die Halme von der Blumenbinse an erster Stelle, Igelkolben und anderen Röhrichtpflanzen werden ebenfalls nicht verschmäht. Der Schädling trennt bei diesen Pflanzen ein 2 bis 3 cm langes Triebstück oberhalb der Wasserfläche ab, in das er dann einspinnt.

Bei kleinen Teichen können die Schiffchen bequem regelmäßig abgesammelt und vernichtet werden. Goldorfen und Rotfedern fressen die Raupen gerne, sodass bei einem Besatz mit diesen Fischarten der Schädling selten überhand nimmt. Eine Bekämpfung mit chemischen Mitteln scheidet aus. Eine interessante Variante ist jedoch der Einsatz von Raupenspritzmitteln mit dem Organismus *Bacillus thuringiensis israelensis* als Wirkstoff. Gelangen die Bazillen in den Verdauungstrakt der Zünslerraupen, sterben diese nach einigen Tagen ab. Der Erfolg der Maßnahme besteht in einer möglichst

Der Seerosenzünsler ist einer der hartnäckigsten Teichschädlinge

Blattläuse auf Wasserpflanzen sind wegen der Rücksicht auf andere Teichbewohner nicht einfach zu bekämpfen

flächendeckenden Ausbringung der Bazillen auf die Wasserpflanzen. Nach dem Spritzen sollte es einige Tage möglichst nicht regnen. Wenn man beobachten kann, dass die gefräßigen Raupen ihr zerstörerisches Werk einstellen, war die Spritzung erfolgreich.

Schwarze Blattläuse

Auf den Schwimmblättern von Seerosen und an deren Blütenknospen treten im Sommer gerne massenhaft Schwarze Blattläuse auf. Sie siedeln sich gerne knapp über der Wasseroberfläche auf weichtriebigen Wasserpflanzen an. Seerosenblätter werden durch den Befall gelb und sterben vorzeitig ab. Andere Wasserpflanzen leiden unter dem Befall weniger, zeigen aber eine schlechtere Blütenentwicklung und Verkrüppelungen an den Neutrieben. Mit etwas Geduld können Sie diese Schädlinge ohne „chemische Keule" sehr leicht entfernen, indem Sie sie mit einem weichen Wasserstrahl einfach abspülen. Die Fische freuen sich über dieses Festmahl. Diesen Vorgang müssen Sie mehrfach wiederholen, denn einige Blattläuse retten sich immer in uneinsehbare Pflanzenwinkel. Als vorbeugende Maßnahme kann die Winterspritzung der Gehölze im Umfeld des Teiches mit einem dafür zugelassenen Präparat empfohlen werden. Die Schwarze Blattlaus ist ein wirtswechselndes Schadinsekt, das seine Eier vorzugsweise zur Überwinterung auf Steinobstgehölze wie Kirsch- oder Pfirsichbäume ablegt.

Schnecken

Im feuchten Uferbereich eines Teiches können **Nacktschnecken** zu einem echten Problem werden. Sie fallen über alle weichen Pflanzenteile her, fressen sie ab und hinterlassen „als Indiz" eine schleimige Spur. Da Schnecken nachtaktiv sind, ist ein Aufspüren auch nur dann möglich. Eine gute Methode, die Schneckenplage einzudämmen, besteht in einer „Nachtwanderung" mit einer Taschenlampe. Eine Bekämpfung mit den in vielen Schneckenkorn-Präparaten vorkommenden Wirkstoffen Metaldehyd oder Mercaptodimethur ist in Teichnähe nicht empfehlenswert. Wenn schon Schneckenkorn, sollten Sie zu schonenden und nur für Schnecken toxische Präparate mit dem Wirkstoff Eisenphosphat greifen.

Die Spitzhornschnecke ist im Teich gefräßiger, als vielfach angenommen wird

Derartig geschädigte Blätter sollten schnellstens aus dem Teich entfernt werden

Von den vielen verschiedenen **Wasserschnecken** leben etwas mehr als drei Dutzend schwer zu unterscheidende Arten im Süßwasser. Eine davon ist die allgegenwärtige und sehr gefräßige Spitzhornschnecke (*Limnaea stagnalis*). Sie ernährt sich nicht nur von absterbenden Pflanzenteilen, sondern ebenso gerne von Jungpflanzen und frischen Trieben schwimmender Pflanzen. Die Eier der Schnecken sitzen bogenförmig in einer gallertartigen Masse auf der Unterseite von Schwimmblättern. Nach kurzer Zeit kann man bereits die neue Generation als kleine schwarze Punkte in der Gallertmasse ausmachen.

Selten kommt es zu größeren Schäden durch diese Schnecke. Sollte sie dennoch einmal überhand nehmen, kann man sie mit „Lockblättern" von Stauden sehr leicht fangen. Das Blattwerk wird einfach über Nacht auf die Wasseroberfläche gelegt, das am nächsten Morgen von Spitzhornschnecken übersät ist und problemlos entsorgt werden kann.

Seerosenkäfer

Den eigentlichen Schaden verursachen die gefräßigen Larven des Seerosenkäfers. Sie befallen alle Schwimmblattpflanzen, indem sie die Blätter mit Loch-, Minier- oder Schabefraß schädigen. Zurück bleiben stark perforierte und rasch vergilbende Schwimmblätter, die vorzeitig absterben. Die Entwicklungsperiode dieses Schädlings fällt genau in die Hauptbrutzeit vieler Singvogelarten, die diesen Käfer einschließlich ihrer Larven an ihre Brut verfüttern. Das ist die beste Maßnahme eines „biologischen Pflanzenschutzes", denn eine Spritzung unmittelbar im Teich bleibt ausgeschlossen.

Sumpfschnakenlarven

In feuchten bis staunassen Böden kommt häufig die Sumpfschnake vor. Dieser langbeinige Hautflügler legt seine Eier vorzugsweise in Teichnähe ab. Die Larven entwickeln sich in den feuchten, oberen Bodenschichten, wo sie Wurzen und grüne Pflanzenteile dicht über der Oberfläche anfressen. Geht man derartigen Symptomen nach, findet man bald grauschwarze, walzenförmige, etwa 3 cm lange Raupen. Ein weiteres untrügliches Erkennungsmerkmal dieses Schädlings ist seine Verhaltensweise: Wird die Raupe freigelegt, fällt sie in eine Schreckstellung. Dabei zeigt sie am Hinterleib eine gesichtsähnliche Zeichnung, die auch als „Teufelsfratze" bezeichnet wird. Die Bekämpfung der Sumpfschnakenlarven ist notwendig, denn sie sind sehr gefräßig. Am einfachsten geht dies durch systematisches Einsammeln. Eine andere Variante ist der Einsatz von Fadenwürmern (Nematoden), die in den Schädling eindringen und dadurch abtöten.

Wurzelläuse

Die Wurzelballen und die Unterseite der kriechenden Triebe von Teichrandpflanzen werden gerne von Wurzelläusen befallen. Dieser Befall wird zunächst gar nicht bemerkt und äußert sich durch kümmernden Wuchs. Erst beim Herausnehmen einer befallen Pflanze fallen die vielen, mit weißen Belag überzogenen Läuse auf. Eine Bekämpfung ist nur schwer möglich, da man diesem Schädling mit den aufgeführten Präparaten nicht beikommen kann. Halbschattiger Standort, regelmäßige Bodenfeuchtigkeit und ausreichende Nährstoffversorgung der Pflanzen halten den auf Pappeln überwinternden Schädling in aller Regel fern.

Pilzliche und bakterielle Krankheiten

Knollenfäule der Seerose

Eine der folgenschwersten Erkrankungen, die die Königin der Wasserpflanzen schädigen kann, ist der Befall mit dem Pilz der Gattung *Phytophthora*. Dieser Pilz verursacht die Knollenfäule, indem er über eine Verletzung in das Seerosenrhizom eindringt und es nachhaltig schädigt. Typisches „Alarmzeichen" ist das Vergilben vieler Blätter ohne erkennbaren Grund.

Bei der Untersuchung des Rhizoms erkennt man alsbald eine untypische, blauschwarze Verfärbung der Spitzenregion, die dazu noch unangenehm riecht. Diesen Pilz schleppt man sich häufig bei Neuzukauf von Pflanzen mit ein. Behandeln kann man die befallenen Pflanzen nicht; es hilft nur das Wegschneiden der befallenen Stelle oder die Vernichtung der ganzen Pflanze.

Blattbrand, Blattdürre

Schwertlilien (*Iris*) werden gerne von einem Pilz befallen, der an den Pflanzenteilen rundliche bis längliche Flecken verursacht. Sie sind zunächst

Die blaue Iris versicolor ist einer der schönsten Sumpflilien überhaupt

durchscheinend, entwickeln aber später ein graubraunes Zentrum. Die Flecken nehmen während ihrer Entwicklung an Größe zu und fließen oft zusammen. Da die Sporen dieses Pilzes in der Regel auf abgestorbenen Pflanzenteilen überwintern, ist das regelmäßige Zurückschneiden von Befallsstellen und das Absammeln abgestorbener Pflanzenteile die beste vorbeugende Bekämpfungsmaßnahme für alle Schwertlilien in oder an einer Teichanlage.

Froschlöffelbrand

Wenn der Froschlöffel (*Alisma plantago-aquatica*) am schönsten blüht, wird er gerne vom Froschlöffelbrand verursachenden Pilz aufgesucht. Er zeigt sich als eine Anhäufung von mehreren kleinen, kreisrunden Punkten, die immer zahlreicher werden, bis schließlich das Blatt abstirbt. Am Ende ist die Pflanze fast blattlos. Anfällig für diesen Pilzbefall sind alle Pflanzen, die unter Nährstoffmangel leiden. Eine Düngung sollte – wenn überhaupt – nur sehr vorsichtig vorgenommen werden. Besser ist es, die befallenen Pflanzenteile abzuschneiden.

Die Sumpfdotterblume ist eine der ersten Pflanzen, die im Frühjahr am Teich blühen

Echter Mehltau

Besonders die breit- oder großblättrigen Wasser- und Sumpfpflanzen werden im Spätsommer von einem weißlich-mehligen Belag befallen. Auch die Stiele und Blattansätze sowie Neutriebe werden in Mitleidenschaft gezogen. Echten Mehltau erkennt man gut daran, dass er sowohl blattober- als auch blattunterseits vorkommt und dass man ihn leicht abwischen kann. Er tritt bevorzugt bei trockener und warmer Witterung auf.

Besonders gerne befallen werden Sumpfdotterblume (*Caltha palustris*), Mädesüß (*Filipendula ulmaria*) und viele andere weichtriebige oder hochwachsende Stauden in Teichnähe. Je zeitiger der Pilz auftritt (oft schon im Juni), desto eher können Sie ihn durch Rückschnitt in den Griff bekommen. Befallene und daraufhin zurück geschnittene Pflanzen treiben danach bereitwillig wieder aus.

Fische – pro und contra

Es wird kaum einen Gartenteich geben, in dem nicht auch Fische vorhanden sind. Fehlen sie in neuen Teichen zunächst noch, sind sie früher oder später da – ob nun gewollt oder nicht. Zum einen verlangt der Teichbesitzer danach, zum anderen tragen gelegentlich Vögel zur Verbreitung von Fischeiern bei. Nicht zu vergessen sind auch die lieben Nachbarn, die ihr Goldfischglas in den Teich schütten oder sich so ihrer eigenen überzähligen Fische entledigen. An Fischen im Gartenteich ist generell nichts auszusetzen, doch ist die Haltung an ein paar wichtige Bedingungen geknüpft.

Ein „fischgerechter" Lebensraum

Die elementarsten Grundvoraussetzungen der Fischhaltung werden von der Industrie oder von vielen privaten Teichbauern missachtet, die ihren Teich in Form eines Fertigbeckens gestaltet haben. Entscheidend ist zunächst einmal die richtige Wassertiefe (siehe auch Seite 9f.). Wenn sich in einem nur etwa 80 cm tiefen Becken oder Teich im Winter eine dicke Eisschicht bildet, dann bleibt den Fischen über Wochen hinaus ein eingeschränkter Lebensraum. Er bietet selbst dann nur geringe Überlebenschancen, wenn die Tiere sich in dieser Zeit in Winterruhe befinden.

Fische möchten schwimmen und nicht ständig an eine Plastikwand stoßen. Die meisten Becken sind für eine Fischhaltung einfach zu klein. Häufig müssen sich viel zu viele dieser armen Kreaturen diesen engen Lebensraum miteinander teilen. Und das auch noch unter erschwerten Bedingungen: Sie müssen sich witterungsbedingt auch noch an laufend veränderte Wasserwerte anpassen.

Vermutlich ist den wenigsten Teichbesitzern bekannt, dass es Richtwerte zur Individuenzahl für eine artgerechte Fischhaltung in einem Gartenteich gibt. Es wird nun wenig überraschen, dass diese Zahl recht niedrig liegt. Hier sieht man das Einsetzen von ein bis zwei größer werdenden Fischen als „artgerecht" an, bei klein bleibenden Arten ein bis zwei Tiere pro m^3 Wasser. Auf die Wasseroberfläche eines Teiches umgerechnet bedeutet das etwa 15 cm Fisch pro m^2 Wasserfläche. Viele, die nun an ihren Gartenteich

Massenhaltung von Koikarpfen und Goldfischen führt nicht nur bei den Tieren zu großen Problemen, sondern auch beim Teich

gehen und eine grobe Bestandsaufnahme ihres Fischbestandes machen, werden schnell feststellen, dass ihr Teich an einer Überpopulation von Fischen leidet. Und inzwischen haben wir gelernt: Ein hoher Fischbesatz ist immer der Auslöser für schlechte Wasserqualitäten!

Fischfutter im Gartenteich?

Jeder, der Fische in seinem Gartenteich hält, muss sich mit den Futter- und Fressgewohnheiten der Tiere auseinandersetzen. Manche Fischarten benötigen Lebendfutter. Das Angebot unterschiedlichster Futterarten ist riesig, eine eingehende Beratung zur richtigen Fütterung ist ratsam. Beachten sollte man auch, dass immer nur so viel Futter in den Teich eingebracht werden soll, wie die Fische auch unmittelbar verwerten können.

Besonders Kinder gehen gerne ständig zum Teich und streuen ihren Fischen Futter ein, um sich am einsetzenden Tumult an der Oberfläche zu erfreuen. Mit sinkenden Wasser- und Außentemperaturen ändern sich die Fressgewohnheiten der meisten Fischarten, viele nehmen bei Temperaturen ab 10 °C keinerlei Futter mehr auf. Das eingestreute Fischfutter sinkt unverzehrt auf den Teichboden und geht in den Stickstoffkreislauf über. Die Verwendung von Fischfutter soll hiermit nicht generell verdammt werden, doch muss man auch wissen, dass viele Fische überhaupt nicht gefüttert werden müssen. Das Leben in einem Teich ist so vielfältig, dass in einem etablierten Teich genügend Nahrung für Fische vorhanden ist.

Ungeeignete Fische für den Gartenteich

Die Wahl geeigneter Teichfische spielt eine wichtige Rolle für einen problemlosen Teich. Häufig werden wahllos Fische eingesetzt, ohne deren Verhalten, ihre Endgröße, ihre Vermehrungsraten, ihre Nahrungsbedürfnisse und ihre Auswirkungen auf das übrige Teichleben zu kennen. Auf der Seite 113 sind Fischarten aufgeführt, die für eine Haltung in einem Gartenteich ungeeignet sind. Ein echter Teichliebhaber wird freiwillig auf den Kauf dieser Fische verzichten.

Geeignete Fische für den Gartenteich

Um dem Teichbesitzer die Freude an Fischen im Teich nicht gänzlich zu nehmen, sind auf der Seite 114 einige Teichfische aufgelistet, deren Haltung im Gartenteich empfohlen werden kann.

Jeder Teichbesitzer sollte nun für sich entscheiden, ob er Fische in seinen Teich einsetzen möchte und wenn ja, wie viele und von welcher Art. Die Probleme, die durch einen falschen Fischbesatz zwangsläufig entstehen, wurden vorne bereits eingehend beschrieben.

Ungeeignete Fischarten für den Gartenteich

Fischart	Eigenschaften
Forelle (*Salmo trutta*) Bachforelle (*S. trutta* fo. *vario*)	Fließgewässerart; bevorzugt fließende (= sauerstoffreiche), kühle Gewässer (max. 18 °C)
Goldfisch (*Carrasius auratus auratus*)	kann bis zu 0,6 m (1m) groß werden, wühlt den Teichboden stark auf (= ständig trübes Wasser), sehr gefräßig, trägt hohe Kotmengen ins Gewässer ein; hohe Vermehrungsrate (da auch durch unbefruchtete Eier möglich!)
Graskarpfen (*Ctenopharyngodon idella*)	vernichtet die gesamte Teichvegetation (zuerst die Wasserpflanzen, dann die Algen!); kann bis zu 1 m lang werden; ist scheu und schnell; wühlt den Teichboden stark auf
Karausche *(Carassius carassius)*	sehr widerstandsfähig gegenüber Sauerstoffmangel (dann durch fehlende Konkurrenz Gefahr der Überpopulation!); wird rasch zahm, wühlt aber den Boden auf, ernährt sich von Kleintieren, bei Mangel auch von pflanzlicher Kost; kann in „Dauerschlafform“ überwintern oder im Schlamm trocken gefallener Gewässer überdauern
Sonnenbarsch (*Lepomis cyanellus, L. auritus, L. gibbosus*)	räuberische Ernährungsweise, frisst die Nachkommenschaft anderer Teichbewohner (Fischbrut, Froschlaich), höherer Sauerstoffbedarf
Sterlet (*Acipenser ruthenus*)	kann bis zu 0,6 m (1m) groß werden; hoher Bewegungsdrang, frisst Wasserinsekten und Kleinfische
Stör (*Acipenser sturio*)	kann in freier Natur bis zu 5 m groß werden; starker Wanderdrang (wechselt phasenweise vom Salz- ins Süßwasser); frisst Bodentiere und Kleinfische
Zwerg- oder Katzenwels (*Ictalurus nebulosus*)	wird bis 0,4 m groß; ist sehr gefräßig (auch gegenüber unwesentlich kleineren Teichbewohnern!); verborgene Lebensweise (nachtaktiv)

Der Stör gehört nicht zu den Fischen, die in einen Gartenteich gehören

Der Graskarpfen frisst im Teich alles Grüne – auch die Wasserpflanzen

Geeignete Fischarten für den Gartenteich

Fischart	Größe in cm	Eigenschaften
Bitterling (*Rhodeus sericeus amarus*)	6 bis 10	Männchen schimmert in der Laichzeit in den schönsten Regenbogenfarben; interessante, aber schwer zu beobachtende Fortpflanzung (mit Legeröhre wird Laich in Fluss- oder Teichmuschel eingeführt), frisst Pflanzenteile und Kleintiere
Ellritze (*Phoxinus phoxinus*) Sumpf-Ellritze (*Phoxinus percnurus*)	8 bis 12	Schwarmfisch, der sich rasch an Menschen gewöhnt; frisst niedere Bodentiere und Anfluginsekten; *P. phoxinus* hat höheren Sauerstoffanspruch als *P. percnurus*
Gründling (*Gobio gobio*)	10 bis 15	verborgene Lebensweise, wühlt den Boden stark auf (!), kommt ohne Fütterung aus
Hundsfisch (*Umbra krameri*) Amerikanischer Hundsfisch (*U. pygmaea*)	12 bis 15	unempfindlich gegenüber hohen Wassertemperaturen und niedrigem Sauerstoffgehalt, frisst wirbellose Kleintiere; sehr seltener, inzwischen geschützter Fisch, deshalb nur aus Nachzuchten erwerben!
Koikarpfen (Karpfen-Zuchtform aus China)	bis zu 120	anspruchsvoll; nur für größere, pflanzenarme Teiche mit bester Wasserqualität durch hohen technischen Aufwand, sehr attraktiv
Moderlieschen (*Leucaspius delineatus*)	9 bis 10	unauffälliger Schwarmfisch, frisst Pflanzen, Kleinkrebse (Flohkrebse) und Anfluginsekten
Pfauenbarsch (*Centrarchus macropterus*)	12 bis 15	frisst Mückenlarven, leider sehr scheu und nicht gut zu sehen
Rotauge, Plötze (*Rutilus rutilus*)	15 bis 35	friedlicher Schwarmfisch mit rot umrandeter Pupille; je nach Nahrungsangebot gibt es eine oft wachsende, hochrückige Form, frisst Pflanzen und Kleintiere (auch Zuckmückenlarven)
Rotfeder (*Scardinius erythrophthalmus*)	20 bis 30	am Ufer sichtbar; frisst hier Kleintiere und weichtriebige Pflanzen (Achtung, auch Teichpflanzen!) langsam wachsende, schlanke und eine schnell
Schleierschwanz (Zuchtform von *Carrasius auratus auratus*)	10 bis 20	hoher Zierwert; durch seine schleierartigen Flossen in der Bewegung gehemmter Fisch, nicht mit anderen Fischen halten!
Silber-/Goldorfe, Aland (*Leuciscus idus*)	30 bis 50	benötigt eine Sauerstoffzufuhr im Winter, gewöhnt sich rasch an Trockenfutter; schwimmt
Stichling, Dreistacheliger (*Gasterosteus aculeatus*) und Neunstacheliger (*Pungitius pungitius*)	4 bis 10	gerne an der Oberfläche; lebhaft äußerst interessantes, aber nur schwer zu beobachtendes Balz- und Brutverhalten

Arbeitskalender

Hier soll dem noch unerfahrenen Teichbesitzer gezeigt werden, welche Arbeiten in jedem Monat eines Jahres durchzuführen sind und an was er zu welchem Zeitpunkt unbedingt denken soll. Natürlich ist jeder Teich ein Unikat und somit sind nicht alle aufgeführten Arbeitsschritte auf den eigenen Teich übertragbar. Daher soll dieser Kalender auch nur als Richtlinie verstanden werden. Über das Jahr gesehen beschert ein funktionierender Teich seinem Besitzer relativ wenig Arbeit, von gelegentlichen „Arbeitsspitzen" einmal abgesehen. Die Bedeutung von kleinen, aber wirksamen Handgriffen oder regelmäßigen Kontrollgängen im und am Teich sollten aber keineswegs unterschätzt werden. Der Kalender berücksichtigt nicht die Arbeiten, die beim Neubau eines Teiches anfallen.

Januar

Im ersten Monat des Jahres ist klimatisch bedingt an einem Gartenteich nicht viel zu tun. Zwar gab es in den letzten Jahren vergleichsweise nur sehr milde Winter, trotzdem muss man damit rechnen, dass die Teichoberfläche mit einer mehr oder minder starken Eisschicht überzogen sein kann.

- Eisfreihalter auf seinen richtigen Sitz hin kontrollieren; bei elektrischem Eisfreihalter den Thermostat täglich kontrollieren.
- Eingesetzte Belüfterpumpe/Membranpumpe kontrollieren, da eintretendes, gefrierendes Kondenswasser die kleine Pumpe zerstört.
- Ein sich am Teichrand hochschiebender Eispanzer kann den Teichrand gefährden, deshalb vorsichtig entfernen.
- Bei zugefrorenem und zugeschneitem Teich den Schnee entfernen, so kommt mehr Licht in den Teich.

Februar

Was jetzt im und am Teich passiert, ist eine Frage der Witterung. Erfahrungsgemäß sind noch keine pflegerischen Maßnahmen erforderlich, vor allem nicht beim zugefrorenen Teich. Sobald es etwas wärmer wird, kann es los gehen. Je nach Außentemperatur können gegen Monatsende bereits die ersten Pflanzen austreiben und die ersten Teichrandstauden zu blühen beginnen.

- Abgestorbene Pflanzenteile von Stauden und Gräsern am Teichrand vorsichtig entfernen, sobald die Pflanzen neu austreiben.
- Eventuell vorhandene Plattenwege um den Teich herum auf ihren festen Sitz hin kontrollieren.
- Eisfreihalter gegen Monatsende abbauen, sofern es die Witterung zulässt.
- Im Teichwasser befindliche, abgestorbene Pflanzenteile aus dem Teich fischen, bevor sie auf den Teichgrund sinken.
- Teichwasser und den Randbereich nach im Winter verstorbenen Tieren (Fische, Molche) absuchen. Gleichzeitig den Fischbestand überprüfen.
- Schilfarten und andere größere Gräser, deren trockene Halme zum Zwecke der Teichentlüftung stehen gelassen wurden, jetzt zurückschneiden.
- Je nach Witterung können die ersten Amphibien den Teich zum Ablaichen aufsuchen. In dieser Phase die Tiere möglichst wenig stören.

- Teichpumpe und gegebenenfalls Wasserdüsen aus dem Winterquartier holen und wieder in den Teich einsetzen. Dabei die Pumpe vor dem Einsetzen auf ihre Funktionstüchtigkeit in einem Eimer Wasser überprüfen.
- Bachlauf oder Wasserfall tagsüber stundenweise laufen lassen, um Bewegung und Sauerstoff in das Teichwasser zu bringen.

März

Der März ist ein ereignisreicher Monat für den Teich. Nicht, dass hier nun schon vieles blüht, es beginnen auch die Probleme. Durch mehr Licht, ansteigende Temperaturen und augenblicklich noch fehlende Nährstoff zehrende Pflanzen vermehren sich einzellige Algen explosionsartig und trüben das zuvor klare Wasser.

- Teichsanierungen im März ausführen, dabei aber auf Amphibienlaich (Laichschnüre oder Laichpakete an den Pflanzen) achten! Pflanzenüberhang entfernen, bevor er zu stark ausgeschlagen hat. Beim Herausnehmen der Wasser- oder Sumpfpflanzen beachten, dass dies auch der Lebensraum vieler Teichbewohner ist, diese wieder in den Teich zurücksetzen.
- Teichrand auf über den Teichrand hinaus gewachsene Pflanzenwurzeln hin untersuchen, da sie für Wasserverlust sorgen.
- Teichrand auf die Funktionstüchtigkeit der Kapillarsperre untersuchen und gegebenenfalls reparieren.
- Aufgetretene Höhendifferenzen des Teichrands ausgleichen und gegebenenfalls kleine Reparaturen an der Teichabdichtung ausführen, bevor alles wieder mit Wasserpflanzen zugewachsen ist.
- Räumen von Bereichen, an denen ein Teich mit Kapillarsperre durch Erde oder Pflanzenreste zu verlanden droht.
- Dekorationsmaterial wie Kiesel, Findlinge oder Baumwurzeln mit einem Dampfstrahler von Algen, Flechten und Moosen befreien und dann wieder im Teich einbauen.
- Pflanzenbestand kontrollieren; gegebenenfalls neue Sumpf- und Wasserpflanzen einsetzen und so für Artenvielfalt sorgen. Nach Möglichkeit die Pflanzen anstatt in Teichsubstrat direkt in den Teich einsetzen.
- Teichfilter je nach Witterung zwischen Mitte und Ende März wieder in den Teich einsetzen.

April

Je weiter der Frühling voranschreitet, desto mehr Pflanzen erwachen aus dem Winterschlaf und erfreuen seinen Besitzer mit ihrer Blütenpracht. Der Teich wird von Tag zu Tag lebendiger und interessanter, weil Flora und Fauna sich ständig weiter entwickeln. Die meisten Amphibien und viele Wasserinsekten haben ihre Eier abgelegt und ein Teil der Larven ist auch schon geschlüpft. Das Leben im und am Wasser beginnt.

- Nachtfröste sind in der Regel kaum noch zu erwarten. Wasserspiele wie die Schaumdüse oder Teichrandfiguren können nun wieder angeschlossen werden.
- Das Angebot an Wasserpflanzen ist besonders groß, wer noch nicht nachgepflanzt hat, der sollte es jetzt nachholen.
- Die Filterschwämme von eingesetzten Teichpumpen nach der bereits vierwöchigen Laufzeit unbedingt reinigen.
- Starker Pollenflug hinterlässt gelbbraune Schlieren auf der Teichoberfläche. Mit einem besonders feinen Kescher regelmäßig abfischen, um Nährstoffanreicherung im Teichwasser zu vermeiden.
- In den Teichüberlauf ein Sieb einlegen, damit keine Teichbewohner mit abgespült werden.

- Regelmäßige Teichwasseranalysen mit einer einfachen Ausrüstung von nun an alle 14 Tage durchführen.

Mai

Die Blütenvielfalt der Sumpf- und Wasserpflanzen erhöht sich stetig. Durch die ansteigenden Temperaturen können Sie bereits die ersten Libellen beobachten; die Blätter der Seerose sind auf der Wasseroberfläche angekommen.

- Bei einer Wassertemperatur ab 12 °C mit dem vorsichtigem Füttern der Fische beginnen.
- Fische, die bis zu diesem Zeitpunkt in einem Winterquartier verbracht haben, nach vorsichtigem Temperaturausgleich wieder in den Teich einsetzen.
- Gegebenenfalls Teichtiere erwerben (nicht aus der Natur entnehmen!) und einsetzen.
- Den Teichfilter auf seine Funktionstüchtigkeit hin untersuchen.
- Bei Filtern mit UV-Klärer den Strahler von Zeit zu Zeit reinigen.
- Die ersten Fadenalgen nicht mit chemischen Mitteln bekämpfen, sondern abfischen.
- Den Vorfilter der eingesetzten Teichpumpe ausgespülen, um die Leistung der Pumpe erhalten.

Juni und Juli

Jeder „Teichmonat" hat seine eigenen Reize. Am schönsten ist ein Teich in den frühen Morgenstunden, wenn die Sonne noch nicht weit oben steht. Viele Teichbewohner sind dann besonders aktiv und Spiegelungen von Pflanzen und Blüten auf dem Wasser verzaubern regelrecht.

- Spätestens jetzt den Teichüberlauf auf seine Funktionsfähigkeit hin überprüfen. So einstellen, dass ausreichender Wasseraustausch möglich ist.
- Regelmäßige Wasserstandskontrolle durchführen, Wassersenkungen sind am Algenrand eines im Wasser liegenden Steins zu erkennen.
- Kränkelnde Pflanzen sofort auf Schädlings-/Krankheitsbefall hin untersuchen und gegebenenfalls Gegenmaßnamen einleiten, um größere Schädigungen zu vermeiden.
- (Tropische) Schwimmpflanzen besorgen, die dem Wasser dank ihrer Wüchsigkeit große Nährstoffmengen entziehen.
- Wassertemperatur regelmäßig kontrollieren; steigen die Wassertemperaturen auf über 22 °C, entsprechende Teichtechnik und viele Sauerstoff spendende Unterwasserpflanzen einbringen.
- Wasserlinsen und Algen rechtzeitig abschöpfen.
- Abgeblühte Wasser- und Sumpfpflanzen leicht zurückschneiden, um unnötigen Eintrag organischer Stoffe in den Teich zu vermeiden.
- Teichrand kontrollieren: Wurzeln von Sumpfpflanzen können aus dem Teich oder Graswurzeln in den Teich wachsen und für hohen Wasserverlust sorgen.
- Überzählige Fischbrut im Schwarmzustand mit einem Kescher herausfangen.

August

Der Herbst beginnt in einem Gartenteich früher als im restlichen Garten: Die Pflanzen verblühen rascher und es gibt nur wenige mit einem späten Blühtermin. Manche Pflanzen beginnen schon Ende August, sich zurückzuziehen. Trotzdem sind auch die letzten verbleibenden Monate besonders reizvoll, gibt es doch noch vieles zu beobachten.

- Vergilbende und umknickende weichblättrige Pflanzen zurückschneiden, um dem Eintrag organischer Substanzen in das Wasser entgegen zu wirken.

- Faden- oder Wattealgen erneut abfischen.
- Bei starkwüchsigen Seerosen vorsichtig in den Teich steigen und neu gebildete Rhizome und Blätter abschneiden. Durch die noch hohen Wassertemperaturen bildet sich an den Schnittstellen ein Wundverschluss, der den Seerosen unbeschadet durch den nächsten Winter hilft.
- Gelbe Blätter an Pflanzen mit geeignetem Werkzeug regelmäßig aus dem Teich entfernen.
- Wasseranalyse nicht vergessen.

September und Oktober

Diese Monate bescheren Ihnen eher Arbeit als Freude, da Sie den Teich langsam winterfest machen sollten. Ein Teich kann natürlich auch in diesen Monaten noch sehr reizvoll sein, doch lassen die sinkenden Nachttemperaturen viele Wasserpflanzen in Winterruhe gehen.

- Wasserlinsen abschöpfen und zusammen mit Fadenalgen aus dem Teich ziehen, bevor diese auf den Teichgrund absinken.
- Fische ab September nicht mehr füttern, da viele Fische das Fressen bei Wassertemperaturen von 10 °C bereits einstellen und sich in eine Art Winterschlaf begeben.
- Herabfallendes Laub mit einem Laubschutznetz abfangen. Ränder des Laubschutznetzes täglich im Hinblick auf verfangene kleine Vögel, Igel oder sonstige Kleintiere kontrollieren.
- Teile des abgefangenen Laubes als Winterquartier für Amphibien und Igel verwenden und das Laub in kleinen Haufen aufschichten.
- Spätestens Ende Oktober an den Kauf eines Eisfreihalters denken!
- Gegebenenfalls Teile der eingesetzten tropischen Schwimmpflanzen retten und in einem Aquarium überwintern.
- Hinfällige Seerosenblätter so dicht wie möglich am Rhizom abknipsten und entfernen.
- Teichpumpen aus dem Wasser holen, ohne Zuhilfenahme von Werkzeug öffnen und von allem Schmutz befreien. In einem Eimer mit Wasser überwintern. Ähnlich mit Düsen und Wasserspielen jeder Art verfahren.
- Den Teichfilter solange wie möglich im Teich belassen und das gefilterte Wasser über einen Bachlauf oder Wasserfall zurück fördern. Filter vor den ersten Minusgraden rechtzeitig abbauen und ihn nach einer gründlichen Säuberung an einem frostfreien Ort einwintern.
- Röhricht, Schilf, Gräser und Binsen vorsichtig zusammen binden, so dass sie nicht umbrechen und in den Teich fallen können. Die Pflanzenhalme sorgen für den Gasaustausch des Teiches.
- Wasserspeier einschließlich Kleinpumpe rechtzeitig einwintern, da viele dieser Figuren nicht winterfest sind; schon leichte Fröste können sie zerstören.

November bis Dezember

Die beiden letzten Monate des Jahres sind an einem Teich vermutlich die ereignislosesten. Das gesamte Teichleben scheint zum Erliegen zu kommen. Die meisten Pflanzen haben sich zurückgezogen und Teichtiere sind nicht sichtbar. Dennoch geht das Leben im Teich weiter und erwacht vollends im kommenden Frühjahr. Auch für den Teichbesitzer tritt eine Pause ein; bis auf gelegentliche Kontrollbesuche gibt es wenig zu tun.

- Das bis dahin regelmäßig vom Laub befreite Schutznetz jetzt entfernen.
- Spätestens jetzt den Eisfreihalter auf der richtigen Stelle einbringen.
- Vor Zufrieren der Teichoberfläche den Einsatz eines Oxidators, einer Belüfter- oder Membranpumpe einplanen.

Was ist, wenn ...

PROBLEM / URSACHE	LÖSUNG

... der Teich Wasser verliert?

zu starke Verdunstung	im Sommer regelmäßig Wasser nachfüllen
fehlende Kapillarsperre	bei ausreichend Folienüberstand nachträglich einbauen
eingewachsene Pflanzenwurzeln am Rand	regelmäßig kontrollieren und entfernen
abgesunkenes Teichrandniveau	mit geeignetem Schüttmaterial wieder anheben
Verletzung an der Teichabdichtung	Folientest machen, gegebenenfalls reparieren; bei – PVC-Folie → PVC-Kleber, Unterwasser-Reparatur-Set, Quellschweißmittel, Heißluft – PE-Folie → Spezialklebeband – EPDM-Folien → Spezialkleber (siehe S. 71)
Dochtwirkung durch falsch eingebaute Teichrandmatte oder Vlies	Einbauhöhe von Matten und Vliesen nur bis zur Höhe der Kapillarsperre
Wasserabdrift bei Wasserspielen	schwächere Pumpe einsetzen
falsch eingestellter Überlauf	richtigen Ablaufwinkel regelmäßig kontrollieren
undichter Wasserspeier	Klarsichtschläuche regelmäßig kontrollieren, Kupplungen austauschen, auf Risse in der Figur achten

... der Wasserfall oder Bachlauf Wasser verliert?

zu starke Teichpumpe	Pumpe drosseln
defekte Schlauchleitung	stabile Spiralschläuche verwenden
Kapillarwirkung im Randbereich	regelmäßig überprüfen, gegebenenfalls Randbereich frei halten
Pflanzeneinwuchs im Randbereich	regelmäßig kontrollieren, gegebenenfalls eindämmen
Bachlaufrand liegt nicht in Waage	schon beim Anlegen korrekt ausrichten, gegebenenfalls nachträglich korrigieren
undichte Klebe- oder Schweißstelle	abdichten, reparieren (siehe Seite 69ff.)
starke Spritzwasserbildung	Prallflächen verändern/mindern

... die Teichpumpe nicht ausreichend Wasser fördert?

Pumpendefekt: a) bei Magnetkernpumpe: – Vorfilterschwämmchen stark verschmutzt – lockeres Flügelrädchen	 – reinigen – fest ziehen

– Magnetkern oder Gehäuse verschmutzt	– reinigen
– Pumpendrosselung auf Stellung „Minimum“	– Drosselung aufheben
– verlorene Achslagerung	– ersetzen (lassen)
– gebrochene Keramikachse	– ersetzen und einbauen
b) bei Asynchronmotorpumpe	
– Förderrad sitzt fest	– lösen
– Förderschaufeln defekt	– Pumpe einschicken
– Vorfilter verschmutzt	– reinigen
– Saug- oder Förderschlauch geknickt	– aussteifen/Spiralschläuche verwenden
– falscher Einbau der Pumpe bei Betrieb außerhalb des Teiches	– korrekt einbauen

... Wasserpflanzen gelbe Blätter bekommen oder absterben bzw. verschwinden?

Nährstoffmangel	keine Düngung im Teich, höchstens Spurenelemente verabreichen
verdichtetes Substrat im Randbereich	vorsichtig lockern, Steine entfernen
falscher Wasserstand	richtige Wassertiefe beim Pflanzen beachten, gegebenenfalls umsetzen
zu hohe Wassertemperatur	messen, gegebenenfalls mit Frischwasser senken
Schädlingsbefall	Pflanzen abspülen (siehe S. 105ff.)
pflanzenfressende Fische	„pflanzenschonende“ Fische einsetzen, z.B. Graskarpfen vermeiden (siehe S. 112ff.)
einsetzende Winterruhe	Pflanzeneigenschaften und Überdauerungsform beachten; viele Pflanzen ziehen schon ab Ende August ein

... der Teichfilter nicht funktioniert?

zu hohe Wassermenge (= zu großer Teich) für den ausgewählten Filter	vorher passende Filtergröße berechnen (siehe S. 44)
zu starke Förderpumpe	Pumpenleistung drosseln
übermäßiger Eintrag organischer Stoffe verstopft Filter	Eintrag durch geeigneten Teichstandort/Entnahme von abgestorbenen Pflanzenteilen/ Laubschutznetz etc. verhindern
mechanische Reinigungsstufe im Filter ist verstopft	Filterschwämme regelmäßig kontrollieren
geknickte Schläuche bei Zu- oder Ablauf	möglichst Spiralschläuche verwenden
zu viel organische Masse durch starke Sonnenbestrahlung sorgt für Wassertrübung	Teichstandort ändern, durch Pflanzung Schatten spendender Gewächse Sonneneinwirkung reduzieren

unzureichender Bakterienbesatz bewirkt trübes Wasser	Starterbakterien zur Wasserklärung einsetzen

... der Sauerstoffgehalt im Teich zu niedrig ist?

unzureichende Wassertiefe	schon bei der Planung berücksichtigen, da nachträgliche Änderung kaum möglich ist (siehe S. 9)
zu starke Wassererwärmung	Frischwasser oder Regenwasser nachfüllen
mangelnde Wasserbewegung	Schaumdüse, Sprudelstein, Wasserfall, Bachlauf einbauen
fehlende technische Einrichtungen	Oxidator, Belüfterpumpe einsetzen (siehe S. 90ff.)
zu hoher Fischbesatz	nur eine kontrollierte Anzahl von Fischen passend zur Teichgröße einsetzen (siehe S. 111f.)
fehlende Unterwasserpflanzen	die richtige Mengen und Arten an Unterwasserpflanzen einsetzen (siehe S. 93f.)

... das Teichwasser zu warm wird?

die eingesetzte Pumpe sitzt zu tief im Teich und pumpt das kühlste Wasser aus der Tiefe an die Oberfläche, wo es sich erwärmt	Pumpe möglichst flach einsetzen
der Bachlauf ist zu flach, ohne Bachlauferweiterungen und -vertiefungen	ändern, sofern nachträglich baulich möglich
zu viele Steine im Verlauf des Bachlaufs	der Sonne ausgesetzte Steine erwärmen sich stark, Menge gegebenenfalls reduzieren
zu geringe Beschattung des Teiches	Wasserfläche durch Bepflanzung in und auf dem Wasser teilweise schattieren
anteilige Flachstellen im Teich zu hoch	falls nachträglich technisch möglich, noch ändern
zu wenig Pflanzen im Teich/ mangelhafte Teichrandbepflanzung	ausgewogener Pflanzenbesatz, kann auch nachträglich gepflanzt werden, auch an Pflanzen außerhalb des Teiches denken
falsche Betriebszeiten der Wasserspiele	Wasserglocke, Sprudelstein, Bachlauf mit niedrigem Wasserstand bei starker Sonneneinstrahlung ausschalten

... der Teich ständig trüb ist?

starke Vermehrung einzelliger Algen → „Algenblüte"	Überangebot an Nährstoffen im Teichwasser reduzieren
zu geringer Besatz an Wasserpflanzen	nach Bedarf nachpflanzen
gründelnde Fischarten im Teich (Goldfische etc.)	Fische aus dem Teich entfernen oder nicht gründelnde Fische einsetzen
falsch aufgestellte Teichpumpe	wenn die Teichpumpe am Teichgrund steht, fördert sie Schmutzteile nach oben → höher stellen

Teichfilter funktioniert nicht	Wasserqualität am Filterausgang prüfen; Filter gegebenenfalls reinigen
zu starker Wasserrücklauf des Wasserfalls oder Bachlaufs	Pumpenleistung reduzieren, Prallflächen verändern

... alle Fische oben schwimmen und nach Luft schnappen?

Teich ist zu klein für Fische	in Fertigbecken unter 3 m^3 Wasserinhalt sollten keine Fische eingesetzt werden
falsche Fischarten leben zusammen in einem Teich (dominierende Arten verdrängen schwächere Arten)	passende Fischgemeinschaften zusammenstellen (siehe Liste „Geeignete Fische für den Teich", S. 114)
Größenverhältnis der Fische untereinander stimmt nicht	zu viele große Fische verdrängen kleinere (siehe oben)
stark eutrophiertes Teichwasser	Quelle der Verschmutzung abstellen, teilweiser Wasseraustausch
zu hohe Wassertemperatur	für Beschattung des Teiches sorgen
zu geringer Anteil an gelöstem Sauerstoff im Wasser	Sauerstoffeintrag/-anteil erhöhen (siehe S. 87ff.), Frischwasserzufuhr
bevorstehendes Gewitter	typische Verhaltensweise von vielen Zierfischarten

... die Seerose nicht blüht?

Pflanze steht in einem zu kleinen Pflanzgefäß	vor dem Pflanzen die Wüchsigkeit der Sorte feststellen; gegebenenfalls in einen größeren Pflanzkorb umpflanzen
falsche Wassertiefe	die richtige Wassertiefe einer Seerose ist art- und sortenabhängig; Pflanze gemäß ihrer Sortenansprüche pflanzen
zu schattiger Standort	Seerosen wollen volle Sonne, gegebenenfalls umsetzen
Nährstoffmangel	keine Düngung im Teich, gegebenenfalls nur Spurenelemente zusetzen
zu bewegtes Wasser	Seerosen schätzen ruhiges Wasser → von bewegtem Wasser abrücken
ständiger Sprühregen auf die Schwimmblätter	keine Fontänen, Wasserspiele, Düsen usw. im Umfeld von Seerosen aufstellen
zu häufiges Umpflanzen	sollte möglichst unterbleiben
Schädlinge und Krankheiten	Schädling/Erreger feststellen und entsprechend dagegen vorgehen (siehe S. 105ff.)

... die Wasserfläche ständig zuwuchert und das Wasser voller Algen ist?

ständiges Nährstoffüberangebot, ausgelöst durch:	Nährstoffeintrag reduzieren/einstellen:
– zu viele Fische und deren Exkremente	– Fischbestand (Fischkot und Urin) reduzieren

– übermäßige Fischfütterung	– Futtermengen reduzieren/einstellen
– Eintrag von Herbstlaub	– Laub rechtzeitig und wirksam mit Netzen abfangen
– Einschwemmen von Pflanzendünger	– keine Düngung im Umfeld des Teiches
– frei werdende Nährstoffe von Zersetzungsprozessen der Pflanzenreste	– sich zersetzende Pflanzenmassen rechtzeitig aus dem Teich entfernen
– nährstoffangereichtertes Regenwasser	– kein ungefiltertes Regenwasser in den Teich leiten
– Pollenflug	– Pollenflug mit einem Skimmer abziehen
– die Ansammlung einer stark eutrophierten Schlammschicht am Grund	– Teichschlamm absaugen oder mit Hilfe von Bakterien verringern

… Umsetzungs-, Wachstums- und Reinigungsprozesse verlangsamt oder gar nicht ablaufen?

die Wasserwerte stimmen nicht:	Wasserwerte korrigieren:
– pH-Wert zu hoch: > 8,4 (Anstieg des Ammonium-/Ammoniak-Verhältnisses) – pH-Wert zu niedrig: < 6,5 (Absinken des KH-Wertes)	Ideal: pH 7,5 bis 8,3 – durch Torfpräparate absäuern – durch alkalisch wirkende Präparate (z.B. pH-plus) pH-Wert anheben
– KH-Wert zu hoch: > 10 (hebt den pH-Wert an) – KH-Wert zu niedrig: < 4 (senkt den pH-Wert)	Ideal: 5 bis 8 – Senken mit Säurebildnern – Kalkreaktor, Kohlendioxid-Reaktor
– Härtegrad zu hoch: > 10 °dH – Härtegrad zu niedrig: < 4 °dH:	Ideal: 8–12 °dH – mit weichem Regenwasser senken – mit löslichem Kalk anheben
– Phosphatwert zu hoch: > 0,05 mg/l – Phosphatwert zu niedrig: entfällt	Ideal: 0,0 mg/l – Senkung mit Phosphatwert-reduzierenden Präparaten und Wasserpflanzen
– Ammonium-/Ammoniakverhältnis zu hoch: > 0,1 mg/l (Gleichgewicht stimmt nicht) – zu niedrig: entfällt	Ideal: 0,0 mg/l – KH- und pH-Wert überprüfen, organische Nährstoffquelle prüfen
– Nitrit (NO_2)-Gehalt zu hoch: > 0,05 mg/l (evtl. zu langsamer Abbau durch Bakterien) – zu niedrig: entfällt	Ideal: 0,0 mg/l – Bakterienflora überprüfen
– Nitrat (NO_3)-Gehalt zu hoch: > 10 mg/l – zu niedrig: entfällt	Ideal: 0,0 mg/l – Ausgangswasser überprüfen, Abbau durch Einbringen von Wasserpflanzen fördern, zusätzlichen Eintrag vermeiden
– Sauerstoffgehalt zu hoch: entfällt – zu niedrig: < 5 mg/l	Ideal: 14 mg/l – Sauerstoffspender, Oxidator, Wasserbewegung, Sauerstofftabletten (kurzfristig)

– Leitwert für Ionen (Mikrosiemens) – zu hoch: > 500 ms – zu niedrig: < 100 ms	Ideal: 150 bis 180 ms – Die Summe aller im Wasser gelösten Salze weder zu hoch noch zu niedrig werden lassen; regelmäßige Kontrolle der Parameter

... Algen im Teich sind?

Schwebealgen (Blaualgen, Kieselalgen, Grünalgen): erstes Auftreten im Frühjahr bei Licht und Wärme, Anzeichen für viel Nährstoffe im Wasser; typische Erscheinung für neu angelegte Teiche	verschwinden meist von selbst wieder; für ausreichende Bepflanzung im und am Teich sorgen (Nährstoffentzug, Beschattung)
Faden- und Netzalgen, Wattealgen: Anzeiger für gute Wasserqualität; bevorzugen hartes Wasser mit hohem Nährstoffanteil	Nährstoffquelle abstellen, von Hand aus dem Teich entfernen (mit Stock aufwickeln)
Jochalgen: Alge mit blaugrünen, kurzen Strängen; lebt gerne in Teichnischen. Fühlt sich glitschig an und besitzt einen scharfen Geruch.	Nährstoffquelle abstellen, pH-Wert senken, wenn über pH 8
Wassernetz: Selterene Algenart, liebt hohe Wassertemperaturen und hohe Nährstoffkonzentrationen	Nährstoffquelle beseitigen, kühleres Wasser zuführen; Entfernung von Hand
Algen in Form von „Kuhfladen“: Abgestorbene Algen sinken auf den Boden und treiben nach einiger Zeit als braune Masse wieder an der Wasseroberfläche auf	schnellstmöglich mit dem Kescher abfischen

... im Teich zu wenig Sauerstoff ist?

Sauerstoff zehrende Vorgänge, zu warmes Wasser, unbewegte Wasseroberfläche weil: – Teich windgeschützt liegt – Schilf oder Pflanzengürtel Wind abfängt – keinerlei künstliche Wasserbewegung wie Bachlauf, Wasserfall, Wasserspiele – zu wenig Austausch der Wasseroberfläche mit der Luft	Faulprozesse im Wasser durch rechtzeitige Entnahme von abgestorbener organischer Masse verhindern – einen Teil des umgebenden Pflanzengürtels auslichten – Wasserbewegung durch Einbau eines Bachlaufes/Wasserspieles – Seerosenblätter oder andere Schwimmblattpflanzenblätter verschließen die Wasseroberfläche → auslichten/teilen
zu starke Wasservermischung der unteren, kühleren und damit sauerstoffreichen Schichten mit den	Teichpumpe sitzt in zu tiefem Wasser → höher setzen

oberflächennahen, sauerstoffärmeren Schichten	
falscher Einsatz von Wasserspielen:	
– Pumpen läuft ausschließlich nachts, Wasserglocke läuft während der Mittagshitze	– Pumpenbetrieb während kühler Morgen- und Abendstunden, nicht während der heißen Mittagsstunden
– nur zeitweise laufender Filter	– Filter regelmäßig laufen lassen
– falsch installierte Belüfterpumpe	– Pumpe nicht zu tief in die sauerstoffreichsten Wasserschichten stellen
zu viele Sauerstoff zehrende Verbraucher	– Überhang an Fischen reduzieren – Algenüberschuss entfernen, da sie auf der Blattoberseite Sauerstoff produzieren, auf der Unterseite aber sehr viel verbrauchen – organische Masse im Teich (Laub etc.) entfernen

Bezugsquellen

ASA Spezialenzyme GmbH
Mascheroder Weg 1b
38124 Braunschweig
Mikroorganismenpräparate

Dennerle
Kröpperstr. 17
66957 Vinningen
Teichpflegemittel, Wasserpflanzen

Deutsche Zeolith
Amselweg 11
78544 Aldingen
Zeolith und Filtertechnik

Febi Aquatechnik
Ferdinand Bilstein jr., GmbH & Co KG, 58247 Ennepetal
Filtertechnik

Fiap Fisch- und Teichtechnik
Jakob Oswald Straße 16
92289 Ursensollen
Teich- und Filtertechnik

Greentrade Zeolith
Linzerstr. 21
53604 Bad Honnef
Zeolith

Heissner AG
Schlitzer Straße 24
36341 Lauterbach
Teichtechnik, Teichpumpen, Filtertechnik

Oase Wübker GmbH & Co. KG
Tecklenburger Straße 161
48477 Hörstel
Teichpumpen, Filtertechnik, technische Geräte für den Teich

Schego Schemel & Goetz GmbH + Co KG
Schreberstraße 14
63069 Offenbach
Teichbelüfter, Teichheizer

Seitz Folien
Schilthorn
94447 Plattling
Teichfolien, Überlauf

Sera GmbH
Postfach 1466
52518 Heinsberg
Teichpflegemittel, Fischfutter, Wassertest-Chemikalien

Söchting Biotechnik GmbH
Lindenweg 1
82544 Attenham
Sauerstoff-Oxidator

Söll GmbH
Bei den Friedenseichen
95158 Kirchenlamitz
Teichpflegepräparate

Tetra Werke
Postfach 1580
49304 Melle
Teichpflegemittel, Wassertest-Chemikalien

Timrott Bio Produkte GmbH
An der Ahlmühle
76831 Ilbesheim
Biologische Algenstopp-Präparate

Ubbink Garten GmbH
Im Fisserhook 11
46395 Bocholt
Teichtechnik, Pumpen und Filter

Literatur

HERKNER, HUGO: Rund um den Wassergarten, BLV-Verlag 1986
KIRCHER, WOLFRAM: Wasserpflanzen für den Garten, Verlag Eugen Ulmer 1996
LUDWIG/BECKER/GEBHARD/-KOGEL/KREIMES: Tiere im Gartenteich, BLV-Verlag 1991
MICHAELI-ACHMÜHLE, PETRA: Wunderwelt Wassergarten, Nymphenburger Verlagshandlung 1980
MÜHLBERG, HELMUT: Das Große Buch der Wasserpflanzen, Verlag Werner Dausin Hanau 1980
POLASCHEK, INGEBORG: Mein kleiner Gartenteich, Falken-Verlag 1989
SEEGERS, LOTHAR: Teiche und Tümpel im Garten, Verlag Eugen Ulmer 1987
STADELMANN, PETER: Der Gartenteich, Verlag Gräfe und Unzer 1990
WACHTER, KARL: Der Wassergarten, Verlag Eugen Ulmer 1993
Zeitschrift „Gartenteich", Dähne-Verlag Jahrgänge 2000 bis 2001

Bildquellen

GBA Strauß, Au: großes Titelbild, Umschlagrückseite (Einklinker rechts).
Hagen, Peter; Homburg: Umschlagvorderseite (alle Einklinker), Umschlagrückseite (Einklinker links und mittig), Seite 1, 7, 10, 11, 17, 25, 28, 31, 32, 34, 36, 44 (2), 45, 54, 56, 58, 68, 71 (2), 72, 74, 77, 78, 80, 83, 91 (2), 100, 102, 103 (rechts), 109, 111, 113 (links).
Hecker, Frank; Panten-Hammer: Seite 29 (rechts), 50 (rechts), 51, 52 (2), 66, 104, 105, 107 (links), 108 (links).
Paysan, Klaus; Stuttgart: Seite 113 (rechts).
Redeleit, Wolfgang; Bienenbüttel: Seite 2, 12, 26/27, 97, 98 (2), 103 (links), 107 (rechts), 108 (rechts).
Reinhard, Hans; Heiligkreuzsteinach: Seite 3, 19, 29 (links), 50 (links), 63, 65, 88/89, 93 (2), 110.

Register

CIP-Kurztitelaufnahme der Deutschen Bibliothek

Ein Titeldatensatz für diese Publikation ist bei
Der Deutschen Bibliothek erhältlich

ISBN 3-8001-3860-3

Wollgrasweg 41, 70599 Stuttgart (Hohenheim)
Internet: www.ulmer.de
Email: info@ulmer.de
Printed in Germany
Lektorat: Karin Wachsmuth
Herstellung & DTP: Silke Reuter
Druck und Bindung: aprinta Druck, Wemding